다민족,
다인종
학급에 대한
질적사례연구

이 저서는 2007년 정부(교육인적자원부)의 재원으로 한국학술진흥재단의
지원을 받아 수행된 연구임(KRF-2007-332-B00419).

다민족,
다인종
학급에 대한
질적사례연구

박윤경 지음

이 주 노 동 자
결 혼 이 민 자
그 들 의 자 녀
그 리 고 . . . 한 국 인

이담
Books

■ 머리말

이 책은 2006년부터 2008년까지 3년 동안 만났던 학생들과 선생님들의 목소리를 담은 것이다. 2004년부터 다문화교육에 관심을 갖고 공부를 시작한 나는 우리 현장의 다문화 현상에 대한 기초 자료가 너무 부족하다는 문제의식을 갖고 2006년에 누리초등학교에서 현장 연구를 시작하였다. 대학과 초등학교를 오가며 자료를 수집하여 전사하고 연구 일지 작성을 병행하는 것은 물리적으로 벅찬 일이었다. 자료 전사에 도움을 받기 위해 한국연구재단(구, 한국학술진흥재단)의 신진교수연구지원 과제에 연구비를 신청하여 운 좋게 채택되었다. 덕분에 누리초등학교와 더불어 아람초등학교에 대한 연구도 수행할 수 있었다.

연구를 수행한 3년간은 연구자로서 기쁨과 보람보다는 고통과 괴로움이 더 큰 시간이었다. 단지 연구 수행에 충분한 시간과 공간을 확보하기 어렵다는 이유만은 아니었다. 다문화가정 학생들의 학교생활에 관심을 갖고 진입한 초등학교에서 애초 생각한 것보다 훨씬 많은 학생들을 만나 그들의 삶에 마주하게 되었다. 몇몇 학생들의 삶은 어린 나이에 혼자서 감당하기에는 힘겨운 것이었다. 집으로 돌아와도 어린 학생들의 삶이 쉽게 잊히질 않았다. 이 순간 연구를 진행하는 것이 옳은 것인지, 아니면 이 아이들에게 실질적인 지원을 제공하는 것이 더 옳은 것인지 깊은 고민에 빠지기도 했다. 아이들의 삶의 무게는 나에게 버겁게 다가왔고, 연구 기간이 끝난 후에도 전사된 자료를 쉽게 분석의 대상으로 펼쳐놓기 어렵게 만들었다. 지금도 여전히 연구자로서 내가 그때 만났던 아이들에게 모종의 책무를 지니고 있다는 생각을 하고 있다.

이런 생각은 글쓰기 방식에 대한 의사결정에도 영향을 주었다. 연구 주제와 관련하여 나는 어떤 이론에 기대어 현상을 분석하고 결론을 내리기보다는 학생들의 삶을 있는 그대로 드러내어 자신의 삶과 경험에 대한 초등학생들의 시각을 가감 없이 보여주고 싶다. 나를 매개로 아이들이 자신들의 이야기를 들려줄 수 있도록 하는 것이다. 이런 이유로 나는 '매끄럽게 쓰기' 대신 '울퉁불퉁하게 쓰기'를 선택하였다. 보도블록같이 매끈한 연구 결과를 만들기 위해 풍성한 텍스트는 줄이고 부족한 텍스트는 해석으로 메워 억지로 자료의 규격과 형식을 맞추려고 하지 않았다. 대신 여러 종류의 자갈들을 표면의 높이 정도만 골라 배열하는 방식으로 쓰고자 했다. 연구자의 해석을 부각시키기보다는 학생과 교사의 목소리를 최대한 있는 그대로 전달하고 목소리 자체에 담긴 다양하고 생생한 정보를 살리기 위해 노력하였다. 이른바 '해석의 최소화'를 지향하고자 했다. 이로 인해 텍스트의 풍성함은 살아나는 대신 텍스트 간의 충돌 가능성, 모순성은 커질 수 있다.

초등학생들이 자신과 주변의 현상을 종합적으로 인식하고 이를 명료한 언어로 전달하는 것은 쉽지 않다. 학생들마다 질문에 답할 수 있는 인지 능력의 차이도 크다. 어떤 학생은 놀라운 통찰을 보여주는가 하면 어떤 학생은 자신과 관련된 아주 기본적인 질문에도 답을 하지 못했다. 때로는 연구자의 질문을 자신의 생각으로 오인하는 경우도 있었다. 나는 되도록 나의 질문으로부터 오염되지 않은 학생들의 평소 생각을 드러내기 위해 노력하였다. 말이 많으면 많은 대로 적으면 적은 대로 양과 무관하게 그 정보를 소중하고 가치 있게 여기고자 하였다. 학생들의 말이 모두 진실인 것은 아니며 때로는 타인으로부터 부정적인 평가를 받을 만한 것에 대해 거짓된 반응을 보이기도 한다. 하나의 대화 속에서 서로 모순된 말을 하기도 한다. 하지만 이 연구에서 나의 역할은 한 사람의 말에서 진위를 판단하는 것도, 서로 다른 사람들의 말 중에서 누구의 말이 더 진실에 가까운 것인가를 판단하는 것도 아니다. 나는 그들이 모두 각자의 입장에서 동일한 현상을 인식하는 방식을 펼쳐 보일 수 있도록 최대한의 지면을 제공하였다. 그 과정에서 구성원들 사이의 인식의 불일치도 그대로 드러나게 하였다. 이것이 내가 지금과 같은 방식으로 이 책의 내용을 구성하고 기술한 이유이다.

그럼에도 여러 가지 이유로 연구를 통해 수집했던 많은 자료들이 이 책에서는 제시되지 못했다. 또한 항상 시간에 쫓기는 글쓰기로 인해 책의 함량이 충분하지 못하다는 아쉬움이 남는 것도 사실이다. 책을 통해 이 연구에 참여해준 많은 분들에게 진 빚을 충분히 갚지 못했다는 생각에 마음이 괴롭다. 나의 연구자로서의 게으름과 역량 부족으로 인해 비롯된 이 책의 미흡한 부분은 다음 개정을 통해 꼭 보완할 것을 이 지면을 통해 다짐하고자 한다. 이와 관련된 독자 여러분들의 많은 질타와 조언을 기다린다.

에필로그에서 몇 가지 생각해볼 문제를 제시하였다. 하지만, 제2장과 제3장에서 제시하는 텍스트 자체가 스스로 훨씬 많은 것을 이야기하고 있다고 생각한다. 나는 텍스트의 힘을 믿고, 독자들이 이 텍스트와 마주하고 자신들의 이야기를 하고, 자유롭게 반응하기를 기대한다.

이 연구를 위해 기꺼이 학교와 교실을 열어주시고 성심껏 대화를 나누어주신 아람초등학교와 누리초등학교(가칭)의 교장, 교감 및 여러 선생님들께 진심으로 감사드린다. 그분들의 열린 마음과 적극적인 협조가 없었다면 애초에 이 연구는 가능하지 않았을 것이다. 또 연구 기간 중 꼼꼼하게 자료 목록을 정리하고 참여관찰 및 면접 자료의 전사를 위해 수고해준 차보영, 김보람, 이근영에게 고마움을 표한다. 마지막으로 바쁜 일정에도 불구하고 거친 초고를 꼼꼼하게 읽고 좋은 의견을 주신 문학평론가 박준석 님께 감사의 말씀을 전한다.

■ CONTENTS

01

프롤로그
―

최근 외국인 노동자 및 국제결혼 가족이 증가하면서 우리 사회가 **다민족, 다인종 사회**로 접어들고 있다는 인식이 뚜렷해지고 있다. 실상 한 사회 공동체에서 문화적으로 이질적인 사회 집단이 공존하는 현상은 늘 있었다. 그러나 세계화의 흐름을 타고 단일 사회 내부의 이질화 속도가 매우 빨라지고 있음도 부인할 수 없다.

# 1. 연구의 목적 및 내용

　최근 외국인 노동자 및 국제결혼 가족이 증가하면서 우리 사회가 다민족, 다인종 사회로 접어들고 있다는 인식이 뚜렷해지고 있다. 실상 한 사회 공동체에서 문화적으로 이질적인 사회 집단이 공존하는 현상은 늘 있었다. 그러나 세계화의 흐름을 타고 단일 사회 내부의 이질화 속도가 매우 빨라지고 있음도 부인할 수 없다. 우리 사회도 90년대 이후 노동 시장에서 외국인 노동자의 유입이 증가되고, 농촌 지역을 중심으로 국제결혼이 활성화되면서 문화적 이질화가 심화되고 있다는 문제의식이 강해지고 있다. 성, 계층, 지역적 이질화가 '전통적 유형의 문화 이질화'라면, 민족, 인종적 이질화는 '새로운 유형의 문화 이질화' 현상으로 사회 구성원 전체에게 적응의 문제를 야기한다. 특히 단일민족에 대한 신화와 고정관념이 강한 우리 사회에서 그 충격은 더욱 크다(김광억, 2005). 따라서 새로운 유형의 이질화 현상을 어떻게 이해하고 이에 대응할 것인가를 논하는 것은

우리 사회의 시급한 과제이다.

　다민족, 다인종 사회로의 진입은 교육 현장에도 많은 변화를 요구하고 있다. 교육이 이질적인 사회 구성원들 사이에 공존의 기반을 마련하는 강력한 수단이 될 수 있다는 기대 때문이다. 이와 관련하여, 정부 정책은 민족, 인종적으로 새로운 사회 구성원들의 고통과 어려움을 최소화하는 데 초점을 맞추고 있다. 정부는 국제결혼 가정 및 외국인 노동자 가정의 자녀를 다문화가정 자녀로 명명하고, 이들이 학교에서 겪는 학습 결손 및 학교 부적응의 문제를 해결할 수 있는 교육적 대책을 모색하고 있다. 예를 들어, 다문화가정 자녀를 위한 부가적인 교육 프로그램의 제공, 단일민족의 관점에서 기술한 교육과정 및 교과서의 내용 시정, 교사를 위한 다문화교육 연수 제공 등이 대표적이다(교육부 보도자료, 2006. 4. 28).

　현장에서 다문화교육에 대한 수요는 매우 긴급하다. 특히 초등학교 교실은 더 큰 어려움을 겪고 있다. 2008년 4월을 기준으로 초·중·고등학교에 재학 중인 국제결혼 가정 자녀는 총 18,778명, 외국인 노동자 가정 자녀는 총 1,402명이다(2008. 4. 1. 기준). 이는 각각 전년 대비 39.6%, 15.9%가 증가한 수치이다. 전체 학생들 중에서 특히 초등학생들이 차지하는 비중이 매우 높다. 국제결혼 가정 학생들 중 초등학생은 15,805명으로 전체의 84.2%를 차지하며, 외국인 노동자 가정 학생들 중 초등학생 역시 981명으로 전체의 70.0%를 차지한다(박윤경, 2009). 이러한 경향은 정부에서 다문화가정 학생 통계를 발표하기 시작한 2005년 이래 일관된다. 정부는 2020년경이면 국제결혼으로 인한 이민 2세대가 167만 명에 달할 것이라고 전망했다(통계청, 2004; 국정브리핑 자료, 2006. 6. 29). 정부의 전망에 비춰보면, 앞으로 우리 교실 구성원의 민족, 인종적 다양성이 한층 심화될 것임을 예측할 수 있다. 그 중에서도 초등학교 교실이 새로운 사회 변화의 도전에 가장 먼저 마주하고 있다.

그럼에도 우리는 아직 초등학교 교실의 새로운 구성원을 어떻게 맞이해야 하는지, 또 다문화가정 학생 및 전체 학생들이 다문화 사회의 구성원으로 성장하도록 돕기 위해 어떤 교육 프로그램을 제공해야 하는지에 대한 아이디어가 부족하다. 새로운 현상에 대응할 방안을 마련하기 위해 이론적으로 연역적인 방식으로 접근하거나 다른 사회의 사례를 참조하는 것만으로는 한계가 있다. 더 나아가 우리 학교 현장의 구체적인 맥락에 대한 이해를 필수적으로 요청한다.

이 연구의 목적은 다민족, 다인종적 초등학교 교실에서 학생들이 겪는 경험의 내용과 그 의미를 심층적으로 이해하는 것이다. 즉 민족, 인종적으로 이질적인 구성원이 포함된 초등학교 교실에서 학생들이 어떤 경험을 하고 있으며, 학생들의 인종, 민족적 다양성이 증가되면서 새롭게 대두되는 문제가 무엇인지를 드러내는 것이다. 이와 관련하여 이 연구에서 주목하고자 하는 바는 다음과 같다.

첫째, 초등학교 교실에서 나타나는 민족, 인종적 소수 집단과 다수 집단 간의 상호작용의 내용과 의미 형성 과정에 주목한다. 기존의 연구들은 주로 소수 집단 학생들이 학교생활에서 겪는 '문제'와 '고통'과 '어려움'을 강조하였다(예를 들어, 설동훈 외, 2003; 김정원, 2005; 배은주, 2006). 그 결과, 의도하지 않게 소수 집단 학생들은 피해자이고 다른 학생들은 가해자라는 이분법적 대립 구도가 형성되었다. 이러한 이분법적 접근은 초등학생들 사이에 이루어지는 상호작용의 복잡성을 과도하게 단순화시킬 뿐만 아니라 소수 집단에 대한 다수 집단 학생들의 사고가 어떻게 형성되고 무엇에 영향을 받는지를 드러내주지 못한다. 이 연구에서는 이질적인 구성원들이 다양한 상호작용을 통해 서로의 경험에 대한 의미를 형성해가는 과정에 주목하여 초등학교 교실에서 나타나는 인종, 민족적 다양성의 의미를 심층적으로 드러내고자 한다. 아울러 이러한 상호작용의 과정에서 인종, 민족적으로 소수자인 학생들이 자신의 정체성을 어떻게 확인해나가는지도 살펴보고자 한다.

둘째, 인종, 민족적 소수 집단 학생들이 겪는 경험의 내적 다양성(internal diversities within groups)에 주목한다. 기존 연구들은 다문화가정 자녀들을 하나의 단일한 집단으로 파악하여 그들의 경험을 매우 동질적인 것으로 묘사하고 있다. 우리 사회가 인종, 민족 집단의 신체적 특징, 사회 경제적 지위, 국적 등에 따라 이방인을 차별적으로 재현한다는 연구에 비춰보면(한건수, 2004), 다문화가정 학생들의 학교생활 경험 및 자아 정체감 역시 부모의 인종, 국적, 한국 내에서의 지위 등에 따라 내적으로 차별화될 수 있다(Giles & Middleton, 1999). 그러나 국내에서는 아직 소수 문화 집단의 내적인 다양성에 주목한 연구가 많지 않다(예를 들어, 박윤경 · 이소연, 2009). 이 연구에서는 국제결혼 가정 자녀와 외국인 노동자 가정 자녀를 중심으로 이들의 학교생활 경험이 부모들의 인종, 민족, 국적, 사회적 거주 지위 등에 따라 어떤 차별화된 양상을 드러내는지에 주목하고자 한다.

셋째, 초등학생들의 경험 및 인식이 학년에 따라 어떻게 변화되는지에 주목한다. 저학년에서 고학년으로 올라감에 따라 초등학생의 타자에 대한 인식과 경험의 질은 달라질 수 있다. 타자에 대한 구별은 자아에 대한 인식이 강해지는 과정과 깊이 연관된다. 학생 경험 및 인식의 변화를 종단적으로 확인하는 것은 학년별로 차별화된 교육 방안을 제안하는 데 유용할 것으로 기대된다.

2. 연구의 주요 개념: 다민족·다인종 학급

　이 연구에서 설정하는 연구 공간은 초등학교에서 발견되는 "다민족·다인종 학급"이다. 단어 뜻 그대로 풀이하자면 "다민족·다인종 학급"이란 다양한 민족 및 인종 구성원으로 구성된 학급을 의미한다. 이는 피부색, 언어, 종교, 국적 등이 다른 학생들이 모여 있어 겉으로 보기에도 문화적 다양성이 느껴지는 학급의 모습을 연상시킨다. 하지만 이 연구에서는 학문적 개념으로서 민족과 인종 개념의 불명료성, 한국 다문화현상의 독특성 등에 비춰 이 개념을 몇 가지 전제와 한계 속에서 조작적으로 정의하고자 한다.

　한국이 단일민족 사회라는 오래된 신화를 부정하고 조상의 뿌리와 기원으로 거슬러 올라가 생각해보면 한국 사회의 축소판인 모든 초등학교 학급은 본래적으로 다민족·다종족적인 성격을 가지고 있다고 볼 수 있다. 그러나 이 연구에서는 기존 한국 구성원의 민족적 동질성을 전제로 하여 일반 사회 구성원들이 기존 한국 구성원들과 비교하여 민족 · 종족적 특성이 다르다고 인식하는 구성원이 포함된 학급만을 다민족 학급으로 제한적으로 칭하고자 한다. 다민족의 범주에는 중국, 일본뿐만 아니라 같은 조상에, 동일한 언어를 사용하지만 다른 사회적 공간에서의 삶과 다른 역사를 경험한 조선족도 포함된다. 이렇게 볼 때 다민족 구성원이 포함된 학급은 피부색이나 언어를 기준으로 볼 때 일반 학급과 외견상 구별될만한 차이가 뚜렷하게 드러나지 않을 수도 있다.

백인, 흑인, 황인 등의 인종 구분은 생물학적으로 엄밀한 개념이라기보다는 사회적 차별과 구분을 정당화하는 일종의 이데올로기적인 개념의 성격이 강하다. 인종 개념의 내재적 차별성 등을 인정함에도 불구하고, 이 연구에서는 피부색 등의 신체적 특징을 기준으로 적용되는 일상적인 용례로서의 인종 개념을 그대로 적용하고자 한다. 이를 통해 서로 인종이 다르다고 여겨지는 학급 구성원들 사이의 상호작용의 양태를 파악하고자 한다. 따라서 겉으로 드러난 피부색을 기준으로 인종적으로 다른 특징을 지니고 있다고 여겨지는 학생들이 포함된 학급을 다인종 학급이라고 칭하고자 한다.

위와 같은 전제 하에 이 연구에서 지칭하는 "다민족 · 다인종 학급"은 1명 이상의 국제결혼 가정 및 외국인 노동자 가정의 자녀가 기존 한국 구성원의 자녀들과 함께 생활하는 학급을 의미한다. '국제결혼 가정'이란 국적이 다른 부모의 결합으로 구성되었지만 부모 중의 1인이 한국 국적을 보유한 가정이다. '외국인 노동자 가정'은 부모 모두 외국 국적을 가지고 있으며 노동력 제공을 목적으로 한국에 체류 중인 가정이다. 미등록 외국인의 경우도 포함된다.

최소 1인 이상의 국제결혼 가정 및 외국인 노동자 가정 자녀가

다민족, 다인종 학급에 대한 질적사례연구

있는 학급을 다민족 · 다인종 학급의 범주에 포함시키는 것은 한국 사회에서 이들이 차지하는 비중이 아직은 높지 않다는 현실을 반영한 것이다. 초등학교 교실에서 다문화가정 학생들의 수가 급속하게 증가하고는 있으나, 전체 학생 규모에 비춰볼 때 여전히 매우 적은 비중이다. 교과부 통계에 따르면 2010년 4월을 기준으로, 초등학교에 재학 중인 국제결혼 가정 학생들은 23,602명이며, 외국인 노동자 가정 학생들은 1,099명이다. 따라서 다문화가정 학생들이 포함된 학급은 다수의 일반가정 학생들 사이에 소수의 다문화가정 학생들이 섞여있는 방식으로 구성되는 것이 일반적이다. 이런 현실에 비춰볼 때, 기존 한국 구성원이 다수를 이루고 민족, 인종적으로 다른 특성을 가진 학생들이 비주류적인 학급을 관찰하는 것은 다문화사회로 진입하는 초기 단계에 있는 우리 학교 현장에서 학생들이 경험하는 전형적인 문제들을 더 잘 드러낼 수 있을 것이다.

 # 3. 연구 방법 및 절차

1) 질적 비교 사례 연구

다민족, 다인종 학급에서 이루어지는 초등학생들의 학교생활 경험과 상호작용 과정을 학교 교육의 제도적 문화적 맥락 속에서 파악하기 위해 이 연구에서는 질적 비교 사례 연구(qualitative comparative case study)를 수행하였다. 사례 연구(case study)가 하나의 프로그램, 사건, 인물, 과정, 기관 혹은 사회단체를 대상으로 하는 연구인데 비해 (Merriam, 1988; Stake, 1995; Yin, 1994), 비교 사례 연구(comparative case study)는 복수 사례 연구(multi-case studies) 방식의 일종으로 둘 또는 그 이상의 사례 연구가 비교되고 대조되는 연구 방식이다 (Bogdan & Biklen, 1998). 비교 사례 연구를 질적인 방식으로 수행한다는 것은 인위적으로 조작되지 않는 있는 그대로의 자연스러운 현실 상황 속에서(naturalistic), 연구되는 현상을 심층적으로 묘사하고(thick description), 연구에서 확보된 자료를 바탕으로 귀납적 (inductive)으로 현상을 개념화하며, 내부자의 관점과 인식에 관심을 갖고 현상의 의미를 찾고자 한다(meaning)는 것을 말한다(Bogdan & Biklen, 1998; Merriam, 1988; Marshall & Rossman, 1995). 연구자가 자연스러운 상황에서 인종, 민족적으로 이질적인 초등학생들이 상호 작용하는 과정을 면밀히 살펴보고 그 현상의 의미를 찾고자 한다는 점에서 질적 비교 사례 연구는 이 연구에 매우 적합한 전략이다.

2) 학교 선정 및 현장 진입

다민족, 다인종 학급에 대한 사례 연구를 위해 이 연구에서는 비교 와 대조를 목적으로 의도적인 표집 방식을 활용하였다(LeCompte & Preissle, 1993). 의도적인 표집은 연구자가 발견과 이해와 통찰을 얻 는 데 가장 많은 것을 배울 수 있는 표본을 선택하고자 할 때 활용된 다(Merriam, 1998). 이를 위해 국제결혼 가정 학생의 비중이 높은 농촌지역 초등학교와 외국인 노동자 가정 학생들이 많이 분포된 도 시지역 초등학교 각각 한 곳을 연구 공간으로 설정하였다. 최종 연구 지로 선정된 학교는 누리초등학교와 아람초등학교이다.

누리초등학교는 우리나라 중부의 농촌 지역에 위치한 초등학교이 다. 이 지역은 한때 전국에서 국제결혼 가정의 밀도가 가장 높은 지 역으로 알려진 곳이다. 누리초등학교 교감의 설명에 의하면, 이는 "역대 군수님들이 농촌 총각 장가보내기 운동을 열심히 벌인" 데 따른 것이다. 교장은 이 지역이 "농촌의 전형적인 학교"로 학부모들의 20% 정도가 농사와 관련된 직업에 종사하고 있다고 설명하였다. 누리초등학교에 대한 연구 승인은 이 지역 출신 교수 두 분의 도움을 받아 이루어졌다. 누리초등학교의 교장이 두 교수와 친분이 있어서 학교 첫 방문부터 정중한 대접을 받고 비교적 협조적인 분위기 속에서 연구를 수행할 수 있었다.

누리초등학교는 역사가 90년이 넘는 학교로 졸업생을 3,700명 가까이 배출했지만, 지금은 전체 6학급에 학생수가 70명 남짓인 소규모 학교에 속한다. 누리초등학교에 재학 중인 다문화가정 학생들은 모두 국제결혼 가정 자녀들이다. 2006년 2학기에는 1학년에 3명, 2학년에 3명, 3학년에 2명, 총 8명의 다문화가정 학생이 재학 중이었다. 이들은 서로 형제자매 관계로 세 가정에 속해 있다. 2008년 다문화가정 학생의 숫자는 10명, 네 가정으로 증가하였다. 국제결혼 가정 학생의 수는 많지 않지만 학교 전체에서 차지하는 비중은 10%를 넘는다. 교감은 누리초등학교가 "학교 전교생에 비해서 (다문화가정 학생들이) 비율상으로 제일 크게 차지하고 있는 학교"로서, "교육청 같은데 문의를 드리면 (다문화가정 학생과 관련하여) 대표적인 학교로 소개"를 해주는 학교라고 설명하였다. 다문화가정 학생 어머니들은 대부분 중국, 일본 출신으로 다문화가정 학생들은 외견상 다른 학생들과 뚜렷하게 구별되지 않는다.

이와 비교하여 아람초등학교는 외국인의 비율이 높은 도시 지역에 위치한 학교로 전체 18학급인 중간 규모의 학교이다. 아람초등학교에 대한 연구 승인은 학교운영위원회 위원인 학부모의 도움을 받아 이루어졌다. 이 학부모는 외국인 노동자 가정 학생 담임교사들과 친분이 두터워 연구 진행 과정에서 여러 차례의 도움을 받았다. 아람 초등학교 교장 역시 연구 취지에 공감하고 담임교사 섭외 등에 도움을 주었으나 공식 면담에는 참여하지 않았다.

아람초등학교에 대한 참여 관찰이 시작된 2007년 1학기에는 다문화가정 학생이 총 9명 재학 중이었다. 그 중 7명이 국제결혼 가정 자녀이고 2명이 외국인 노동자 가정 자녀들이었다. 2008년 1학기에는 다문화가정 학생 수가 14명으로 증가하였다. 그 중 국제결혼 가정 학생은 11명, 외국인 노동자 가정 학생은 3명이었다. 부모의 국적 배경은 일본, 우즈베키스탄, 파키스탄, 나이지리아, 캐나다, 필리핀, 터키, 미국 등으로 다양하다. 이로 인해 학생들 중 일부는 외모에서부터 일반 학생들과는 다른 특징이 뚜렷하게 드러났다.

3) 현장 연구 절차 및 연구 대상

누리초등학교와 아람초등학교에 대한 현장 연구는 2006년도 2학기부터 학교별로 순차적으로 진행되었다. 이는 복수 사례 연구를 수행할 때 동시에 두 연구지를 연구하는 것이 혼동을 초래할 수 있으며, 순차적으로 진행하는 것이 자료 수집 및 분석에 효율적이라는 제안에 따른 것이다(Bogdan & Biklen, 1998). 현장 연구의 진행 순서는 누리초등학교, 아람초등학교, 누리초등학교 순으로 이루어졌다.

아람초등학교에 대한 현장 연구는 총 2차에 걸쳐 진행되었다. 1차 현장 연구는 2007년도 2학기에 이루어졌고, 2차 현장 연구는 현장 진입 재승인 과정을 거쳐 2008년도 1학기에 이루어졌다. 총 관찰 학급은 2007년도에 3학년 1학급, 4학년 2학급, 2008년도에는 4학년 1학급, 5학년 1학급이다. 다문화가정 학생들 중 주요 접촉 대상은 2007년 당시 3학년 3명(남-2, 여-1), 4학년 2명(여-2)으로 연구 승인이 가능한 학생들 중에서 학생들의 인종, 부모 국적, 종교 등을 고려하여 선정하였다. 선정된 학생들의 부모의 국적은 캐나다, 나이지리아, 파키스탄, 일본이었으며, 가정 형태는 국제결혼 가정과 외국인 노동자 가정이었다. 이를 통해 다문화가정 학생들의 인종적 특성, 부모 국가의 사회경제적 특성, 종교 문화의 차이 등에 따른 학생 간 상호작용 및 학교생활 경험의 차이를 비교하고자 하였다. 2008년에도 전출 학생 1명을 제외한 나머지 학생들과 지속적으로 접촉하였다. 2학기를 통틀어 다문화가정 학생 5명 외에 학급 담임 및 학교 다문화교육 업무담당 교사 6명, 같은 학급 학생 16명, 다문화가정 학부모 2명 등과 단독 혹은 집단 면접을 수행하였다.

누리초등학교에 대한 현장 연구 역시 2차에 걸쳐 수행되었다. 1차 현장 연구는 2006년 2학기에 이루어졌다. 이때 참여 관찰은 다문화가정 학생들이 포함된 1학년, 2학년, 3학년 학급을 중심으로 이루어졌다. 주요 면접 대상은 교장 및 교감, 학급 담임 3명, 다문화교육 담당 교사 및 특별활동 담당 교사 3명과 1, 2, 3학년 학생 전원이다. 보수적인 지역 특성상 다문화가정 학생들이 연구 과정에서 노출되는 것을 꺼리는 문화를 고려하여 학생 면접은 전체 학생을 대상으로 개별 혹은 집단 면접의 방식으로 수행하였다. 2차 현장 진입은 2008학년도 1학기에 이루어졌다. 2차 현장 연구에서는 학급 담임 교사 및 다문화가정 및 일반 학생들에 대한 심층 면접을 중심으로 자료를 수집하여, 2년 전에 수집한 자료를 보완하고, 학교, 교사, 학생의 변화를 확인하는 데 초점을 맞추었다.

4) 자료 수집 및 분석

이 연구에서 자료 수집은 참여 관찰(participatory observations), 현상학적 심층 면접(in-depth phenomenological interviews), 문헌 자료 수집(documents) 등의 방법을 활용하여 이루어졌다. 참여 관찰은 각 학교에서 학년별(학급별)로 전일제 관찰을 원칙으로 하였다. 참여 관찰 장소는 교실, 운동장, 급식소, 다목적실 등 학교 안에서 학생 활동이 이루어지는 모든 공간이 해당되었지만, 특히 수업이 진행되는 교실 공간이 주를 이루었다. 참여 관찰 절차는 Spradley(1980)가 제안한 바와 같이 학교생활 전반에 대한 기술적인 관찰(descriptive observation)에서 시작하여 점차 교실 공간에서의 다양한 상호작용에 대한 집중적인 관찰(focused observation)로 옮겨졌고, 민족 및 인종적 소수 집단 학생들을 중심으로 반복적으로 발생하는 상호작용을 선별적으로 관찰(selective observation)하는 방식으로 진행되었다.

심층 면접은 반구조화된(semi-structured) 질문지를 바탕으로, 학교 관리자, 학급 담임, 다문화가정 학생, 관찰 대상 학급의 초등학생들을 대상으로 수행하였다. 또한 구성원과의 자연스러운 접촉 장면을 비공식적 면접 기회로 활용하였다. 초등학생과의 심층 면접은 면접의 목적 및 상황에 따라 개별화된 방식, 혹은 집단적인 방식으로 진행하였다. 면접 방식은 그날그날의 사건이나 경험에 대한 이야기를 포함하여, 학교생활에서 기억에 남는 사건을 중심으로 그 사건의 의미를 재구성해보도록 하는 현상학적 인터뷰(phenomenological interview)의 방법과 구조를 활용하였다(Seidman, 1998). 또, 공문서, 학급 담임 작성 자료, 학생 작품 및 사진 등 연구에 필요한 문헌 자료를 수집하여 분석하였다.

연구 질문은 질적 연구의 기본적 속성에 다년차 연구라는 특성이 더해져 연구 과정에서 초기 연구 질문이 수정되거나 새롭게 생성되기도 하였다. 기본적인 연구 질문은 다음과 같다: 다인종, 다민족 학급에서는 어떤 일이 벌어지는가? 학생 간 상호작용에는 어떤 특징이 있는가? 학생들은 서로를 어떻게 인식하는가? 인종, 민족적 소수 집단 학생들의 자아 개념은 어떠한가? 이런 자아 개념은 어떻게 형성되는가? (학생들은 한국인 및 한국적인 것을 어떻게 인식하는가? 학생들은 외국 및 외국 문화에 대해 어떻게 인식하는가? 다문화가정 학생들의 한국인으로서의 정체성은 어떤 모습을 띄는가?) 관리자, 교사는 학교 구성원 변화에 어떻게 대응하고 있는가? 인종, 민족적 소수 집단 학생들의 특징을 어떻게 인식하는가? 이들에 대해 어느 정도의 기대 수준을 갖는가? 이들과의 상호작용은 어떤 특징이 있는가? 학교 내에서 다문화교육이 행해지고 있다면 대상은 누구이며, 어떤 내용으로 이루어지는가? 등.

두 학교에서 수집된 참여 관찰 및 면접 자료는 연구 보조원 세 명의 도움을 받아 전사되었다. 자료 수집과 전사에는 예상보다 긴 시간이 소요되었다. 이는 현장 연구 일정을 연구자가 통제하거나 강제하지 못한다는 질적 연구의 특성과 학부생인 연구 보조원의 상황에 따라 전사 작업이 원활하게 진행되지 못했기 때문이다.

집중적인 자료 수집과 전사 등이 이루어진 후 녹화 영상과 전사 자료를 반복적으로 읽으면서 먼저 초등학생들의 경험을 이해하는 데 핵심이 되는 주제어를 파악하였다. 해당 주제어를 중심으로 자료를 반복적으로 읽으면서 '무엇이-왜, 어떻게-왜'라는 질문법을 활용하여 초등학생들의 의미 형성 과정을 추적하고자 하였다(Miles & Huberman, 1994). 또한 자료의 다층적인 의미가 드러날 수 있도록 동일 사건 및 현상에 대한 여러 구성원들의 시각을 모두 기술하고자 하였다. 이를 통해 자료에 대한 일종의 삼각 측정(triangulation)을 수행하였다(Stake, 1995).

02

아람초등학교

오전 8시 반. 아람초등학교 본관 1층 진주반 교실에서 4학년 마리안과 3학년 샤샤가 흥겨운 음악에 맞추어 **스포츠 댄스**를 연습하고 있다. 마리안과 샤샤는 빠른 음악에 맞춰 많은 동작들을 물 흐르듯 소화해낸다. 마리안의 몸짓에는 자신감이 넘친다. 마리안이 시종 미소를 머금고 있는 데 비해 샤샤의 표정은 좀 굳어 있다.

 # 1. 마리안

1) 스포츠 댄스

　오전 8시 반. 아람초등학교 본관 1층 진주반 교실에서 4학년 마리안과 3학년 샤샤가 흥겨운 음악에 맞추어 스포츠 댄스를 연습하고 있다. 마리안과 샤샤는 빠른 음악에 맞춰 많은 동작들을 물 흐르듯 소화해낸다. 마리안의 몸짓에는 자신감이 넘친다. 마리안이 시종 미소를 머금고 있는 데 비해 샤샤의 표정은 좀 굳어 있다. "샤샤는 오늘 안 웃네." 진주반 김 교사가 가끔 한 마디씩 한다. 교무부장인 김 교사는 특별반 교실인 진주반에서 다문화가정 학생 관련 업무도 맡고 있다. 3분이 조금 넘는 음악이 끝나자 둘은 끝인사로 멋지게 마무리한다.

　잠깐 쉬는 동안 마리안은 샤샤의 동작 중 잘못된 부분을 가르쳐준다. 샤샤가 잘 이해하지 못하는 표정을 짓자 김 교사가 나서서 팔의

방향과 손끝의 모양을 다시 설명한다. 샤샤는 틀린 동작을 혼자서 몇 번 반복해본다. "옳지! 그렇지, 잘했어." 김 교사의 칭찬이 이어진다. 그때 옆에서 샤샤가 연습하는 모습을 가만히 지켜보던 마리안이 나서서 무엇이 문제인지를 다시 짚어준다. "샤샤, 있잖아. (팔을 양쪽으로 쭉 펴며) 이걸 잘 하려고 할 때는 (손 모양을 보여주며) 이게 잘 안 되고, (반대로) 이걸 잘 하려고 할 때는 이게 잘 안 돼. 한 가지를 잘 하면 나머지 한 가지가 잘 안 돼." 샤샤는 누나를 따라 틀린 부분을 다시 해본다. 마리안은 그래도 흡족하지 않은 듯 샤샤의 등 뒤로 가서 직접 샤샤의 두 팔을 잡고 팔과 발동작을 가르쳐준다. 그런 다음 반주를 틀어놓고 다시 동작을 맞춰본다. 경쾌한 리듬에 맞춰 마리안의 엉덩이가 실룩거리기 시작한다. 음악이 절반 정도 흐른 뒤 샤샤의 얼굴에도 드디어 미소가 번진다.

연습이 끝나자 김 교사가 작은 탁자에 김밥과 우유, 반찬 두 가지를 함께 내놓는다. 마리안과 샤샤의 아침 식사이다. 둘은 아침을 못 먹고 나올 때가 많다. 김 교사는 둘을 위해 매일 아침, 빵이나 김밥을 준비해온다. "선생님, 감사합니다." 마리안과 샤샤는 나무젓가락으로 능숙하게 김밥과 김치를 먹는다. 11월에 있는 전국대회를 앞두고 아람초등학교 진주반에서 매일 볼 수 있는 풍경이다.

마리안은 요즘 스포츠 댄스가 가장 즐겁다. 엄마는 힘들 거라고 하지만 그렇지 않다. 춤 연습을 하다가 틀려도 선생님들께서 '괜찮다. 4학년인데도 5, 6학년보다 잘 한다'고 해주신다. 그때마다 기분이 좋다. 마리안은 스포츠 댄스 대회에서 꼭 상을 받고 싶다. 대회에서 상을 받는다면 친구들에게 인정도 받고 친구들도 사귈 수 있을 것 같다.

마리안과 샤샤는 얼마 뒤 전국대회에서 우승을 차지했다. 스포츠 댄스를 시작한 지 5개월만이다.

2) 4학년 3반

댄스 연습을 마친 마리안은 4학년 3반 교실로 향한다. 교실 앞쪽 칠판 옆에는 '집중력을 키우자', '착한 마음 키우고, 나쁜 마음 줄이자'라고 쓰인 두 개의 액자가 걸려 있다. 교실 뒤편에는 큰 붓글씨로 '부모'라고 쓰여 있는 학생들의 작품이 전시되어 있다. 4학년 3반 학생은 모두 26명. 여학생은 여학생끼리, 남학생은 남학생끼리 앉아 있다. 마리안은 교실 뒷문 바로 옆에 한 여학생과 짝을 이뤄 앉아 있다. 학생들은 대부분 긴 바지에 점퍼나 스웨터를 입고 있다. 마리안은 짧은 체크무늬 스커트에 반 스타킹 차림이다. 오늘은 5교시 수업이다.

교실에서 마리안의 모습은 진주반에서 와는 사뭇 다르다. 수업 시간에 가끔 손을 들어 발표도 하지만, 수업 내용에 오래 집중하지 못한다. 집에 컴퓨터가 없어서 숙제를 못해 오는 경우가 많다. 수업 시간이나 쉬는 시간에 같은 반 친구들과 말을 주고받거나 신체 접촉을 하는 경우가 드물다. 같은 반 학생들도 마리안에게 거의 말을 걸지 않는다.

마리안은 수업 시간 내내 집중하지 못하고 딴 짓을 하다가도 발표할 내용이 있으면 적극적으로 손을 든다. 담임교사는 마리안이 손을 들면 놓치지 않고 발표 기회를 준다. 그래서 다른 학생들보다 발표 기회를 더 많이 얻는 편이다. 담임은 우호적인 표정으로 마리안의 발표 내용을 듣다가 좋은 답변을 하면 칭찬한다. 간혹 엉뚱한 대답을 해도 부정적인 피드백을 하지 않는다.

[장면 1] 1교시 도덕 시간. 오늘의 학습 주제는 '공공질서 지키기'이다. 수업 초반 담임선생님이 공공질서를 얼마나 잘 지키는지를 확인하는 질문들을 하자, 마리안은 '보통이다'와 '잘 지키지 않는다'에 손을 든다. 선생님은 이어서 역할 놀이를 제안한다. 역할 놀이의 주제는 '공공장소에서 예절을 잘 지키지 않아서 나타나는 불쾌한 상황'을 묘사하는 것이다. 선생님은 역할 놀이를 짝꿍과 둘이 하거나 앞뒤 학생들과 함께 해도 좋다고 설명한다. 선생님이 역할 놀이 방법을 설명하는 동안 마리안의 짝꿍은 앞자리의 남학생 두 명에게 함께 하자고 제안한다. 역할 놀이를 준비하는 시간이 되자 마리안이 짝꿍을 보며 뭔가 이야기를 시작한다. 마리안의 몸이 짝꿍을 향해 기울어 있다. 하지만 짝꿍은 마리안이 하는 말을 듣거나 쳐다보지 않고 앞의 두 남학생과 역할 놀이를 준비한다. 셋은 서로 웃으며 역할 놀이 준비에 한창이다. 마리안도 세 사람이 주고받는 말을 들으며 한두 번 끼어들어 보지만 누구도 마리안의 이야기에 반응하지 않는다. 시선도 마주치지 않는다.

마리안이 속한 팀이 첫 번째로 역할 놀이를 발표한다. 자리에서 일어선 마리안은 짝꿍보다 키가 한 뼘 정도 더 크다. 칠판 앞에서 역할 놀이를 시작한다. 마리안은 짝꿍 뒤편에 서 있다.

여1: (푯말을 읽는 시늉을 하며) 잔디밭에 들어가지 마시오.
남1: 잔디밭에 들어가지 말라는데 왜 들어가시오.
여1: 아, 몰라. 내가 알게 뭐야.
남2: 감옥에 가야겠군.
여1: 왜 감옥에 가?
　　(남2가 여1의 손을 잡아끈다. 남1이 마리안의 손을 잡아끈다.)

짧은 역할 놀이에서 마리안의 대사는 없다. 마리안은 겸연쩍게 웃으며 짝꿍의 뒤편에 우두커니 서 있다가 나온다. 다시 자리로 되돌아온 마리안의 표정이 썩 좋아 보이지는 않는다. 그러나 곧 다른 팀들이 역할 놀이하는 것을 유심히 보며 웃는다. 가끔 두 손으로 입을 가리며 웃기도 하고, 박수도 친다. 짝꿍에게 길게 말을 걸어보기도 하지만 짝꿍은 짧게 대답하고 그만이다.

　[장면 2] 쉬는 시간. 마리안은 역할 놀이가 재미있었다고 한다. 수업이 끝나자 학생들이 교실에서 뛰어다니거나 교실 앞뒤를 오간다. 남학생들과 여학생들이 서로 장난을 치기도 한다. 마리안은 혼자 교실 앞뒤를 왔다 갔다 한다. 마리안에게 말을 거는 학생들이 아무도 없다.

　[장면 3] 2교시 과학 시간. 수업 주제는 공룡 탐구이다. 선생님이 "조사 학습 해 온 사람?"하고 묻자 마리안은 손을 들지 않는다. 마리안은 수업에 집중하지 못하는 모습이다. 교과서를 앞뒤로 뒤적이고 수업 내용과 관계없는 부분을 보거나 낙서를 한다. 학생들은 2쪽에 걸쳐 있는 교과서 삽화를 보며 교사와 문답식으로 공룡이 살았던 당시 상황에 대해 추론하고 있다. 마리안이 갑자기 손을 들고 수업에

참여한다.

> 교사: 야자수를 통해서 무엇을 짐작할 수 있을까, 그때 당시의?
> 마리안: (손을 번쩍 들며) 온도를 알 수 있어요.
> 교사: 어, 기후. 그렇지, 열대우림이라는 것을 알 수 있지.
> 마리안: (또 손을 번쩍 든다.) 공룡들이 난폭해졌을 때 손톱으로 야자수
>   를 긁을 수 있어요, 그때 그 손톱을 볼 수 있어요. (마리안이
>   발표하는 모습을 짝꿍이 유심히 보고 있다.)
> 교사: 재밌는 상상을 할 수 있네.

교사의 칭찬에 마리안은 뿌듯한 표정을 지으며 잠깐 동안 수업에 더 집중하는 모습을 보인다. 그러나 이내 치마나 다리를 만지거나 스타킹을 무릎 위로 끌어올리거나 한다. 몸을 좌우로 흔들기도 하고 마치 리듬을 밟듯 발을 교실바닥에 툭툭 부딪히기도 한다.

[장면 4] 쉬는 시간. 마리안 주변에는 여전히 아무도 없다. 마리안이 카메라에 관심을 보이며 만지려고 한다. "마리안, 카메라 만지지 마." 한 여학생이 명령조로 말하면서 지나간다. 어떤 아이는 지나가는 말로 "너는 안 씻냐?" 한다. 마리안에게 친한 친구가 있는지 묻자 없다고 답한다.

[장면 5] 3교시 사회 시간. 주제는 '가정의 여러 형태'이다. 학생들의 요청에 따라 수업은 여러 가지 재미있는 게임으로 시작된다. 첫 번째 게임은 '토끼와 거북이'다. 게임이 시작되는데 마리안이 안 보이자 짝꿍이 마리안을 찾는다. "얘, 어디 갔니? (마리안을 보며) 너 뭐해." 짝꿍과 마리안이 손을 잡고 재밌게 게임에 참여한다. 짝꿍은

토끼, 마리안은 거북이. 선생님이 토끼하면 짝꿍이 마리안 손등을 때리고, 거북이 하면 마리안이 짝꿍 손등을 때리는 게임이다. 짝꿍은 절대 맞지 않고 때리기만 하는데, 마리안은 때리지는 못하고 맞기만 한다. 애초 때릴 의사가 없는 듯 때리는 시늉만 한다. 그래도 재미있다는 표정이다. 게임이 길어져 수업은 조금 늦게 시작됐다. 수업이 시작되자 교과서에 그림을 그리며 수업에 전혀 참여하지 않는다. 한 차례 손을 들어 발표한 것을 제외하고는 고개를 숙이고 있다.

[장면 6] 4교시 재량 활동 시간. 학생들이 학급 사이트에 올린 내용들을 교사와 함께 하나씩 살펴본다. 마리안은 학급 사이트에 아무것도 올리지 못했다. 학급 사이트를 모두 살펴본 뒤, 10분간 수학 문제 풀이를 한다. 1번 문제는 4÷10. 마리안은 주저하고 좀 어려워하는 모습이다.

[장면 7] 쉬는 시간. 마리안이 내게 다가와 묻는다. "저 춤춘 것 저기(학급 사이트) 올릴 수 있죠?"

[장면 8] 점심 시간. 마리안은 가방에서 김밥을 꺼내 혼자 먹는다. 반 학생들은 모여 앉아 먹기도 하고, 앞뒤 아이들과 반찬을 주거니 받거니 한다. 몇몇은 일어나 돌아다니며 다른 친구들의 반찬을 집어 먹기도 한다. 짝꿍은 다른 학생에게 자기 반찬을 권하지만 마리안과 함께 먹지는 않는다. 마리안은 제자리에서 담임교사가 틀어준 음악에 맞춰 발로 스텝을 밟으며 혼자 김밥을 먹는다. 점심을 다 먹고 운동장에 나간 마리안은 자기보다 한참 어린 아이들의 손을 잡고 논다.

[장면 9] 5교시 국어 시간. 마리안은 여전히 집중하지 않는 모습이다. 마리안의 고개가 더 깊숙이 숙여져 있다. 한참 교과서에 그림을 그리다, 갑자기 손을 들어 발표한다. 그런데 교사가 질문한 부분이 아니다. "마리안은 항상 우리를 앞서 가." 담임교사는 그렇게 말하고 수업을 계속 진행한다. 마리안이 빙그레 웃는다.

3) 마리안의 이야기

(1) 4학년 3반 친구들

3월 중순에 전학 와서 2학기말이 되어가지만 같은 반 친구들과 사이가 좋지는 않다. 학교에 오면 친구들이 괴롭혀서 스트레스가 쌓인다. 친구들이 마리안을 괴롭히는 데는 몇 가지 이유가 있는 것 같긴 하다. 처음 전학 왔을 때는 친구들이 친절하게 대해주었다. 그런데 수련회를 다녀오고 나서부터 친구들의 태도가 갑자기 변했다. 수련회에서 같은 반 여학생 일곱 명과 함께 장기자랑에 나갔다. 그 다음 날부터 애들하고 사이가 좀 안 좋아졌다. 마리안이 수련회에서 누구 물건인 줄 모르고 샴푸를 만졌는데 뚜껑이 잘 안 닫혔다. 그래서 그냥 놔두었는데 어떤 애가 자기 물건이라고 해서 한바탕 싸웠다. 그 다음부터 애들과 말도 안 했다.

또 다른 이유도 있다. 친구들은 마리안이 다른 나라 사람이라고 생각하고, 얼굴색이 다르고 냄새가 난다고 마리안을 싫어한다. 애들은 마리안이 한국에서 태어난 줄을 모른다. 얼굴색을 보고 한국 사람이 아닌 다른 나라 사람이라고 생각한다. 마리안이 처음 왔을 때 애들은 마리안이 미국에서 온 줄 알고 영어만 쓰려고 했다. 마리안이 엄마를 닮아서 색깔이 좀 그러니까, 색깔만 그런 건 줄 모르고 다른 나라 사람이라고 생각한다. 마리안은 한국에서 태어났으니까 원래 한국 사람이어야 하는데 한국 사람이 아닌 걸로 되어 있다. 또 애들은 마리안에게서 냄새가 난다고도 한다. 냄새가 나는 건 아닌데 색깔이 이러니까 냄새 난다고 생각하는 것이다. 안 나는 냄새를 난다고 하는 것이다. 출입국관리사무소에 보낸 편지 속에서 애들이 마리안이 냄새나고 더럽다고 생각했다는 내용을 읽었다.

담임선생님이 마리안에게 잘해주시는 것도 애들이 마리안을 싫어하는 이유 중 하나인 것 같다. 애들이 질투를 하는 것이다. 마리안은 선생님께 칭찬을 많이 받는다. 선생님이 자주 뭘 사주시거나, 뭘 많이 해주시기도 한다. 예전에도 뭐가 고장이 나서 못 했을 때 선생님께서 돈을 주시고 다음에 사오라고 하셨다. 선생님 덕분에 그걸 살수 있었다. 애들이 그걸 보고 좀 질투 나서 그런 것 같다. 마리안혼자서 자주 선생님께 칭찬을 많이 받고, 마리안만 선생님께 좋은 것을 받으니까 애들이 너무 화가 난 것 같다.

다행히 전국대회에서 상을 타고 난 다음에는 친구를 몇 명 사귀었다. 하지만 전국대회에서 상을 받기 전까지는 친구들에게 완전히 '강아지 취급'을 당했다. 전에 다니던 학교에서도 마찬가지였다. 그 전학교에서 아주 친해지고 싶었던 애가 있었다. 걔한테 편지를 보내 친해지자고 해서 친해졌다. 어느 날 걔가 만든 장난감으로 장난을 쳤는데 고장이 나지는 않았다. 그런데 점심을 먹고 오니 애들이 그 친구 장난감이 부서졌다면서 마리안을 기다리고 있었다. 그렇게 그 애들 때문에 친구와 사이가 나빠지고 난 다음부터는 친구를 못 사귀었다. 마리안이 애들하고 친해지기만 하면 애들이 개하고 마리안을 갈라놓았다. 아람초등학교에서도 마찬가지다. 전학 오고 난 후 한두 명 친구가 생겼는데 애들이 괴롭혀서 사이가 너무 나빠졌다. 애들이 마리안이 친구를 사귄다고 해도 못하게 하고, 하지도 않은 짓을 했다고 만들어낸다. 또 때리거나 놀리고 욕을 한다.

4학년 3반에서 마리안만 괴롭힘을 당하는 것은 아니다. 주한이는 마리안보다 더 괴롭힘을 당한다. 주한이와 마리안은 친구를 못 사귄다. 그래서 힘들다. 애들이 주한이를 보며 '퇴장'을 계속한다. 그게 왜 재미있는지 이해를 못 하겠다. 마리안도 다른 애들처럼 주한이에게 똑같이 해보았다. 그러자 애들이 마리안에게 너도 똑같다면서 뭐라고 했다. 그때 갑자기 이런 생각이 들었다. '지금 내가 주한이한테 그러는 건 애들이 시켜서 하는 것도 아니고, 내가 좋아서 하는 것도 아닌데, 내가 왜 하나?' 또, 갑자기 '쟤가 불쌍하다. 꼭 저게 나 같다' 하는 생각이 들었다. 그래서 그 다음부터는 주한이에게 같은 장난을 치지 않는다. 퇴장 놀이를 할 때 보면 왠지 애들이 악마처럼 변한 것 같다.

마리안은 친구를 사귀기가 어렵고 친구에게 괴롭힘을 당해도 친구는 중요하다고 생각한다. 이전에 다니던 초등학교에서 친구를 사귀려면 어떻게 해야 되냐고 상담실에 물어 본 적도 있다. 마리안이 생각하기에 친구란 힘들 때 서로 도와주는 사람이다. 친구가 없으면 무슨 일이 생겨도 아무도 안 도와준다. 착하고 상냥한 애들이 친구가 돼주었으면 좋겠다.

(2) 담임선생님

담임선생님은 친절하고 감사한 분이시다. 출입국관리사무소에 갈때 도움이 되라고 편지도 보내주시고, 반 친구들에게도 편지를 쓰라고 말씀해주셨다. 그날 출장도 미루고 늦게까지 애써주셨다. 처음엔 남자선생님이라서 무서울 줄 알았는데 재미있는 게임도 많이 하신다. 게다가 체육 선생님이라 더 좋다. 선생님은 전학 온 날부터 마리안을 반가워하셨다. 처음 전학 왔을 때 마리안은 여기서도 애들을 못 사귀면 어쩌나 하는 마음에 아주 부끄러웠다. 선생님께서 영어로 물어보셨는데 마리안은 당당하게 한국말을 썼다. 그러자 한국말 잘 쓰냐면서 마리안을 반가워하셨다. 우리 반이 영어말하기 대회에서 우승할까 봐 아주 반가워하시는 것 같았다.

친구들이 괴롭히면 선생님이 혼내주시기도 한다. 마리안은 힘들 때는 선생님께 이른다. 그러면 선생님께서 자꾸 애들에게 "왜 그걸 하냐, 그게 재밌냐?"고 물어보신다. 그러면 애들이 어느 정도 나쁜 짓을 그만하게 된다.

선생님께서는 칭찬도 잘 해주신다. 스포츠 댄스 대회에서 상을 받았을 때 선생님께서는 마리안을 교실에서 일어서게 한 후 대회에서 상 받은 것을 애들에게 자랑해주셨다. 선생님께 칭찬받는 건 좋지만 좀 부끄럽기도 하다. 너무 심하게 칭찬하시는 느낌이 들기 때문이다. 예를 들어, 담임선생님은 출입국관리사무소에 보낸 편지에 마리안이 전국무용대회에 참가해서 상을 받아 '스타'가 되었다고 쓰셨다. 마리안이 생각하기에는 '전국대회에서 우승했고, 겨우 친구하고 사귀었다'는 정도가 적당할 것 같다.

담임선생님은 마리안을 특별대우 해주신다. 지난번에 마리안과 같은 반 친구가 똑같이 동생 때문에 지각을 했는데 선생님이 다른 친구는 혼내면서 마리안은 혼내지 않고 봐주셨다. 그때 마리안은 '나도 똑같이 혼내주시지' 하고 생각했다. 이렇게 특별대우 해주시는 것이 고맙기도 하지만 부담스럽기도 하다. 어쩌면 친구들이 그래서 더 마리안을 싫어하는지도 모른다. 똑같은 잘못을 했는데 다른 애들만 혼나면 마음이 아프다. 똑같은 행동을 했다면 한 사람만 혼내지 말고 둘 다 혼내야 한다고 생각한다. 마리안이 나쁜 행동을 하면 혼내주시면 좋을 것 같다.

선생님이 이렇게 특별대우를 해주시는 건 마리안이 친구들에게 왕따를 당하고, 아빠도 안 계셔서 불쌍하기 때문일지 모른다. 그래도 마리안은 선생님이 공평하게 대해주시는 게 더 좋다. 선생님께서 마리안을 똑같이 대우하면 애들이랑 친해질 수도 있을 것 같다. 마리안이 선생님께 덜 혼나고 다른 애들만 심하게 혼나면 애들이 마리안에게 더 화를 낸다. 오히려 마리안이 더 혼나야 한다. 가끔 선생님께서 마리안을 혼내실 때가 있다. 그럴 땐 선생님께 감사하다.

(3) 출입국관리사무소

댄스 대회에서 우승한 지 얼마 되지 않아 마리안과 동생 샤샤는 학교를 하루 결석했다. 출입국관리사무소로부터 그 주 금요일까지 가족 모두 한국을 떠나야 한다는 연락을 받았기 때문이다. 수요일 아침, 마리안은 담임선생님과 같은 반 친구들이 써준 편지를 가지고

출입국관리사무소를 향했다. 집에서 일찍 나섰지만 길을 잘못 찾는 바람에 사무소에 도착할 때까지 시간이 꽤 오래 걸렸다. 아침을 먹지 못해 사무소 근처에서 떡볶이와 오뎅으로 간단히 해결했다.

이 모든 것은 아빠가 없기 때문에 일어난 일이었다. 아빠는 지금 가족들과 떨어져 중국에 계신다. 엄마는 사람들이 아빠가 나쁜 사람이라고 생각해서 잡아갔다고 말씀하셨다. 그래서 아빠가 한국으로 돌아오고 싶어도 돌아올 수 없다는 것이다. 사람들은 아빠가 나쁜 사람이라고 하지만, 사실 아빠는 고마운 분이고 좋은 일도 많이 하셨다. 마리안과 샤샤는 아빠가 빨리 돌아와서 한국에서 같이 살고 싶은 마음뿐이다.

출입국관리사무소에서 일하시는 분들은 냉정하다. 여름에 아빠가 잡혀가던 날에도 엄마가 아빠를 제발 보내지 말라고 부탁했지만 들어주지 않았다. 샤샤는 아빠도 없고 돈도 모으기 힘든데 한국을 떠나라고 하면 기분이 좋지 않다는 것을 그곳에서 일하는 사람들도 깨달았으면 좋겠다고 생각한다. 엄마는 그때 아직 막내를 낳기 전이었다. 그날 엄마는 충격이 너무 심해서 계속 울다가 결국 쓰러지셨다.

> 그날, 아빠가 잡혀갔을 때, 그 사람들한테 가 가지고 부탁한다면서 제발 저희 아버지 못 가게 해달라고 부탁하다가. 엄마가 사실 그때는 아직 애기를 낳기 전이에요. 그때 엄마가 와 가지고 제발 부탁하니까 남편을 좀 보내지 말든지 어떻게 해달라고 부탁했거든요. 근데 그 사람들이 너무 냉정해가지고요 "안 된다, 안 된다, 안 된다." 하다가요. 엄마가요. 하필이면 그때 아기까지 있는데, 너무 심해가지고, 너무 놀라가지고요. 그거 때문에 충격이 너무 심해서요. 너무 울었어요, 그날, 엄마가요. 계속, 계속 울다가 완전히 쓰러지셨어요.

아빠가 떠나신 날, 집이 너무 조용했다. 마리안과 샤샤는 그날 밤에 왠지 혼자 있는 느낌이 들었다. 아빠가 중국으로 떠나고 난 후, 엄마가 일하시던 레스토랑은 문을 닫았다. 아빠를 보러 오시는 손님들이 많았는데 아빠가 없으니 손님도 없어졌다. 한 달쯤 후, 마리안의 가족은 더 작은 집으로 옮기게 되었다. 교회 분들이 형편을 알고 가끔 집에 오셔서 돈을 주시기도 한다. 그 돈으로 동생 병원비를 내기도 했다.

(4) 가족

마리안의 집은 학교에서 걸어서 20분 거리에 있다. 복잡한 시장을 지나 좁은 골목을 따라 한참 걸어 가다보면 마리안의 집이 나온다. 아빠가 중국으로 떠난 후 이 집으로 이사를 왔다. 골목으로 난 유리문을 열고 들어가면 주방 딸린 방 하나가 전부이다. 방에는 침대와 텔레비전이 있다. 그 방에서 엄마와 다섯 남매가 함께 산다. 마리안 밑으로 남동생 샤샤, 다섯 살 남동생, 네 살 여동생, 그리고 갓 태어난 막내 남동생이 있다. 모두 한국에서 태어났다.

엄마와 아빠는 모두 나이지리아 사람이다. 엄마는 아빠보다 키가 더 크다. 아빠는 다섯 살 무렵 할머니, 할아버지가 돌아가셔서 그때부터 혼자 지냈다. 어렸을 때 밥을 잘 먹지 못해 키가 많이 자라지 못했다. 엄마와 아빠는 나이지리아에서 결혼을 하고 한국으로 오셨다. 아빠가 친구를 따라 한국에 와본 후, 너무 좋아서 엄마와 결혼하자마자 엄마를 데리고 왔다. 아빠는 규칙을 몰라서 그러면 안 되는 줄 몰랐다.

　마리안은 아빠를 닮았다. 아빠는 마리안이 심하게 울면 달래주시지만, 나쁜 짓을 하거나 버릇없이 굴면 무섭게 혼내신다. 아빠는 화가 나시면, 엄마, 아빠 말씀 잘 들으라고 하시지만, 기분이 좋을 때는 뭘 사주시기도 하신다. 아빠는 좋은 점이 많다. 아빠는 거짓말을 잘 안 한다.

　엄마는 아빠와 좀 다르다. 엄마는 마리안을 '말썽쟁이'라고 부르고 '철없다'고 하시며 버릇처럼 폭력을 쓴다. 엄마는 거짓말도 잘 하신다. 아빠가 잡혀갔을 때도 선생님께 아빠가 출장 가셨다고 계속 거짓말을 하게 했다. 엄마는 남을 잘 도와주지도 않는다. 지나가다 거지를 봐도 못 본 척 피한다. 엄마는 엄마 노릇을 잘 못한다. 엄마가 마리안을 사랑하는지도 잘 모르겠다. 마리안이 아프면 아빠는 잘 해주시지만 엄마는 그렇지 않다. 특히 엄마가 때리고 나면 아빠가 보고 싶다. 하지만 지금은 달래줄 아빠가 곁에 없다.

　마리안은 집안일을 많이 한다. 학교에서 스포츠 댄스 연습을 하고 돌아오면 힘이 들어 쉬고 싶을 때도 있다. 하지만 집에 오면 마리안이 해야 할 일이 많다. 그래서 학교에 있는 게 더 좋다. 집에 오면 오히려 스트레스가 더 쌓인다. 엄마에게 섭섭하고 아빠가 보고 싶기도 하지만, 그래도 엄마는 소중한 가족이다. 마리안이 가장 원하는 것은 가족이 모두 함께 모여 사는 것이다.

(5) 나이지리아

　마리안은 나이지리아 사람이다. 부모님은 모두 기독교 신자이다. 마리안과 동생들은 아직 나이지리아에 가 본 적이 없다. 나이지리아가 어떤 나라인지는 모르지만, 궁금하긴 하다. 엄마, 아빠 말씀이 나이지리아에서는 삼십만 원이나 백만 원만 있으면 방이 다섯 개 정도로 집이 엄청 커서 살기가 좋다. 거기에는 논도 있고, 밭도 있고 과수원도 있다. 하지만 밤에는 총소리가 들리는 무서운 곳이기도 하다. 또 땅 색깔도 황색이라서 무섭다.

　엄마는 가끔 한국에서 안 좋은 일이 생기면 나이지리아로 돌아가고 싶다고 우신다. 그러다 마음이 풀리면 또 한국에서 살고 싶다고 마음이 흔들리신다. 나이지리아가 좋은 점이 있지만 마리안은 그래도 한국에서 평생 살고 싶다. 아빠가 돌아오셔서 한국에서 다 같이 사는 것이 제일 좋다. 나이지리아로 가면 힘든 점이 많을 것 같다. 마리안은 한국말만 써서 나이지리아 사람들의 말을 못 알아들을 것 같다.

　나이지리아로 돌아가고 싶지 않은 데는 다른 이유도 있다. 나이지리아는 사막이라서 물이 별로 없다. 가끔씩 물이 없어서 바깥에 나가서 가지고 와야 한다. 그래서 목욕을 자주 못 할 것 같다. 목욕은 매우 중요하다. 나이지리아 사람들은 피부가 까매서 한국 사람들처럼 다 하얘지고 싶어 한다. 그래서 매일 목욕을 하는 것이 전통이다. 매일 목욕을 하면 몸이 따뜻해지면서 피부색이 변할 수 있다. 누가 그렇게 얘기해준 적은 없지만 마리안이 그렇게 생각한 것이다. 마리안도 지금 피부색이 좋기는 하지만 그래도 한국 사람들처럼 됐으면 좋겠다고 생각한다. 매일 한번씩, 아니면 몇 번씩 목욕을 하면 한국 사람들처럼 피부색이 변할 수 있을 것 같다. 그래도 안 된다면 어쩔 수 없이 그냥 이 색깔로 지내려고 한다.

(6) 꿈

마리안의 장래 희망은 가수다. 가수가 되어 노래하면서 춤추면서 지내는 것이 좋다. 가수가 되려면 공부를 열심히 해야 한다. 하지만 동생도 봐야 하고, 집안일도 해야 해서 공부할 시간은 별로 없다. 그런데 다른 나라 사람도 한국에서 한국 가수 될 수 있는지 궁금하다. 애들한테 물어보니 안 된다고 했다. 하지만 마리안이 생각하기에는 될 것 같다. 분명 다른 나라 가수들이 한국에 와서 노래하는 걸 본 적 있다.

4) 4학년 3반 친구들의 이야기

성철이가 보기에 같은 반에 있는 김주한과 마리안은 반 친구들로부터 왕따를 당하고 있다. 주한이는 이상해서 왕따를 당한다. 애들은 주한이가 더럽다고 한다. 그래서 주한이와 닿기만 하면 '퇴장, 퇴장' 이라고 한다. 그런데 마리안은 왜 왕따가 되었는지 궁금하다. 마리안은 남들보다 좀 특별한 능력이 있는 것 같다. 춤이나 노래를 잘 한다.

다른 애들이 하기 싫어하는 것을 혼자서 기쁘게 한다. 아마 우리가 못하는 것을 잘하니까 기분이 나빠서 왕따를 당하는 것 같다. 동주가 보기에 주한이는 몰라도 마리안은 왕따가 아니다. 친구도 많다. 물론 거의 왕따라고 할 수는 있지만 마리안이 어떤 면에서 이상한지는 역시 잘 모르겠다. 현규가 생각하기에 마리안은 최근 댄스 대회에서 금상을 받아서 왕따를 안 당하고 있다.

주한이와 마리안을 차별하는 것이 나쁘다는 것은 우리도 안다. 하지만 이유가 없는 것은 아니다. 주한이는 수련회에 가서 일어나자마자 할머니가 보고 싶다고 막 울어서 우리에게 피해를 주었다. 마리안도 지민이의 샤프를 부러뜨리고 코를 골며 자서 애들 잠을 다 깨웠다. 여자애들에게서 그렇게 들었다.

지현이 생각에도 애들이 마리안을 따돌리는 데는 이유가 있다. 수련회에 가서 마리안은 하루에 세 번 정도 목욕을 했다. 애들이 그걸 진짜 이상하게 생각했다. 또 애들은 마리안에게 냄새가 난다고 했다. 그렇기는 해도 마리안이 따돌림당하는 것은 아니다. 지민이와 지현이가 마리안과 집이 가까워서 마리안을 불러서 같이 논 적도 있다. 그런데도 마리안은 친구들에게 따돌림받는다고 한다. 좀 이상하다.

보라도 맨 처음에는 마리안과 거리낌 없이 지냈다. 그런데 여자애들이 좀 더럽다고 마리안에게 가까이 가지 못하게 했다. 만약 가까이 가면 자신도 따돌림당할까 봐 그러는 것 같다. 수련회 때는 이런 일도 있었다. 보라가 설문 조사를 하고 있는데, 마리안이 방 한 구석에 있어서 빨리 오라고 했지만 오지 않았다. 그때 갑자기 선생님께서 오셔서 왜 마리안과 같이 안 하느냐면서 야단을 치셨다. 마리안도 우리가 잘 대해줄 때는 당당하게 와서 친구들과 어울려 지냈으면 좋겠다. 우리는 아무 짓도 안했는데 마리안은 따돌림당하는 표정, 이상하게 울먹이는 표정을 짓는다. 그럴 땐 진짜 억울하기도 하고 마리안이 왜 그러는지 생각해보고 싶기도 해서 선생님께 말씀을 드린다. 그러면 선생님은 마리안이 상처를 받을까 봐 우리 얘기는 하나도 듣지 않으신다.

동주가 생각하기에 애들은 마리안의 얼굴이 흑인처럼 생기고 머리 모양까지 이상해서 싫어하는 것 같다. 마리안이 처음 전학 온 날, 선생님께서 "전학 온 사람을 소개하겠습니다"라고 하셨다. 애들이 들떠서 '여자일까, 남자일까' 생각했다. 다른 나라에서 올 거라고는 생각을 못했다. 그런데 갑자기 우리랑 다른 아이가 오니까 좀 신기했다. 애들이 "너 어느 나라에서 왔냐? 야, 너 한국말 할 수 있냐?" 이러면서 관심을 가져줬다. 그런데 한 이틀 지나고 나서 애들이 차이점을 발견했다. 마리안은 머리 스타일도 다르고 냄새도 났다. 우리나라 사람들도 마늘 냄새가 나는 것처럼, 걔네 특유의 냄새를 애들이 발견했다. 보라 생각에 우리는 '토종인'인데 걔네들은 흑인이다. 그래서 우리와 다른 냄새도 나고 우리와 다른 머리 스타일을 하고 우리와 다른 행동을 한다. 그래서 좀 불편해서 애들이 싫어하는 것 같다.

보라는 마리안이 전학 왔을 때 혹시 우리 선생님이 우리나라 애들보다 마리안에게 더 잘 해주시고 차별하는 건 아닐까 하는 생각이 들었다. 1학년 때도 다른 나라 애가 온 적이 있었는데 선생님께서 차별대우를 하신 적이 있다. 동주가 생각하기에는 선생님께서 그렇게 하시는 것은 당연하다. 만약에 선생님도 그렇게 안 하시면 마리안 혼자 외로울 것이다. 선생님이라도 이해하고 한 명이라도 친구가 있으면 안 외로울 것이다.

그런데 마리안은 우리와 다른 점이 많다. 마리안의 좋은 점은 발표를 잘하고 덕분에 우리 반이 빛날 수 있다는 것이다. 한 번은 이런 적이 있었다. 그림을 그리고 난 후, 선생님께서 그림을 보여주시면서 무슨 생각이 나는지 물으셨다. 마침 마리안이 발표를 할 때 교장 선생님과 높은 분들이 우리 반에 오셨다. 마리안은 그림에 대한 자기 느낌을 잘 표현했다. 자기 집에 무슨 문제가 있다는 걸 얘기하면서 그 느낌을 얘기한 것이다. 그 얘기를 듣고 높은 분들이 감동을 받으셨다.

동주가 듣기론 마리안의 가족은 어머니와 동생밖에 없다. 아버지는 경찰서에 끌려갔다. 아빠가 없어서 좀 외로울 것 같다. 현규가 알기에 마리안의 아빠는 차이나에 돈 벌러 가셨다. 마리안의 엄마도 돈 벌러 일 나가시고 매일 야근을 하셔서 마리안에게는 새 엄마가 있다. 마리안은 이번에 불법으로 여행을 와서 나이지리아에 다시 가야 했다. 그때 우리가 편지를 써서 4학년 끝날 때까지 있게 해달라고 했다.

지민이는 마리안과 짝꿍을 한 적이 있다. 처음 짝꿍이 되었을 때는 애들이 놀렸다. 지금은 마리안이 따돌림을 안 받는 편이라서 지민이도 괜찮지만, 처음 짝꿍이 되었을 땐 막막한 느낌이었다. '나도 애들한테 왕따 당하는 것 아니야?' 하는 생각이 들었다. 그런데 막상 실제로 같이 앉아 보니 나쁜 점은 별로 없었다. 애들이 마리안을 그냥 한국 애들처럼 대해주질 않는데, 같이 앉아보니까 걔도 그냥 평범한 아이구나 하는 생각이 들었다. 마리안도 그냥 할 건 하고, 하지 않을 건 하지 않는다. 예를 들어 자기 일은 자기가 알아서 하고, 위험한 짓은 안 한다.

마리안은 나이지리아 사람이다. 나이지리아는 아프리카에 있다. 우리가 가 본 적은 없지만, TV에서 본 적은 있다. 나이지리아는 옷차

림이 이상하다. 그곳은 가난하고 병이 좀 많은 지역이다. 코끼리도 많고 허리케인도 난다. 마리안이 거기서 어떻게 한국으로 왔는지 모르겠다.

성철이가 생각하기에, 마리안 얘기에서 결론은 더러운 것을 좀 참고, 웬만하면 왕따를 시키지 말자는 것이다. 동주의 결론은 애들이 잘해줬으면 좋겠다는 것이다. 동주도 잘해줄 것이다.

5) 4학년 3반 담임선생님의 이야기

마리안은 3월 달에 4학년 3반으로 전학을 왔는데, 처음 왔을 때는 굉장히 밝고 분위기도 좋았다. 반 아이들에게 인사할 때도 쑥스러워하지 않고 잘했다. 그때가 마침 학부모총회 날이었다. 학부모님들이 많이 오셔서 마리안을 소개를 해드렸다. 우리 반이 이제 국제적인 학급이 되어 영어 공부도 같이 할 수 있다. 그러자 학부모님들이 좋아하고 애들도 마리안에게 가서 얘기하면서 좋아했다.

그렇게 2, 3주까지는 잘 지냈다. 그런데 어느 날부터 이상한 낌새가 보였다. 애들하고 거리감이 생기기 시작했다. 참 아쉬웠다. 마리안은 이전 학교에서 도무지 거기 섞이지 못해서 전학을 온 것 같다. 본인이 직접 친구관계 때문에 너무 힘들어서 못 버틸 것 같아서 전학을 왔다고 얘기를 했다. 실제로는 아빠 직장이나 집 때문에 전학을 온 것이다.

반 학생들과는 수련회에 가기 전부터 사이가 좋지 않았다. '수련회를 계기로 해서 아이들하고 좀 친하게 만들어야겠다'라는 생각을 했다. 애들 중에는 편을 나눠서 다른 아이를 따돌리는 아이들이 있다. 마리안의 경우에는 보라가 좀 주도적이었는데 무용 발표가 그 계기였다. 수련회에서 하는 공연에서 다섯 명 정도가 한 팀이 되어 무용을 했다. 마리안이 무용을 잘하니까 그 팀에 들어가면 잘 어울리겠다 싶어서 같이 팀이 되었다. 그런데 마리안이 그 중에서 제일 잘하니까 다른 아이들이 샘을 내서 따돌리게 된 것 같다. 애들은 마리안이 잘하면 자기들이 뒤로 물러야 되니까 마리안을 자꾸 뒤로 뺐다. 그게 아마 따돌림의 계기가 되었을 수 있다.

이렇게 친구들 사이에서 문제가 생기면 마리안은 힘든 점을 많이 얘기한다. 심지어 혼자서 교장선생님께 찾아가서 얘기한다. 집에서도 잘 받아주지 않아서 방법을 찾지 못하니까 자기 스스로 문제를 해결해나가려고 하는 것이다. 우리 한국 아이들과는 많이 다르다. 문제가 생기면 와서 부딪쳐보고 자기가 해결하려고 한다. 어떤 때는 대안까지 제시한다. 예를 들어, 아이들이 자기를 댄스 팀에서 빼려고 하는데, 그러면 자기가 뒤에서 춤을 춘다든지, 춤을 못 추는 척 한다든지 이렇게 방법들을 제시한다.

마리안이 친구 사귀기가 힘든 이유가 좀 있다. 사실 마리안에게서 냄새가 좀 나긴 난다. 물론 바로 옆에 갔을 때만 난다. 마리안은 냄새와 관련해서 굉장히 노력을 한다. 얘기할 때 뒤로 한 세 걸음 물러나서 하고, 아침에는 자기 동생까지 다 씻긴다. 수련회를 다녀온 다음부터는 더 심하게 씻었을 것이다. 버스를 타고 돌아오는 차 안에서 냄새가 많이 났다.

그런데 더 큰 문제는 심리적인 것이다. 마리안은 다른 아이들이

다 자기를 미워하고 싫어한다는 생각이 굉장히 심하다. 지금은 많이 바뀌어서 괜찮은데 처음엔 너무 심했다. 마리안을 돕기 위해 반 학생들 중에 얘기를 나눌 만한 친구들을 마리안에게 한 명씩 보낸 적이 있다. "한 명 씩 가서 대화를 좀 해봐라." 그러면 대부분 "마리안이 말도 안 해요." 그러면서 돌아왔다. 물론 아이들이 제대로 노력을 안 했겠지만, 또 꾸며서 얘기하진 않는다. 마리안이 친구관계에 자신이 없다. 그래서 시도를 하지 않는다. "네가 다가가면 친하게 지낼 수 있을 거야, 네가 먼저 친구한테 가서 좀 접근해봐, 먼저 말 좀 걸어봐." 이렇게 하는데도 매번 "저도 하려고 하는데 안 돼요. 다 날 싫어해요"라고 한다. 이런 고정관념이 너무 깊다. 아마도 전에 다니던 학교에서 놀림을 많이 받은 것 같다. 신체적인 외모와 관련된 놀림이기 때문에 충격을 컸을 것이다. 그래서 친구들과 어울리지 못하고 혼자 외롭게 지내서 오히려 강하게 자란 것이 아닐까 싶을 정도다. 마리안의 경우 이런 심리적인 문제가 해결이 안 된다.

교우 관계 개선을 위해 여러 가지 방법을 써봤지만 잘 안 되었다. 그런데 스포츠 댄스의 영향이 컸다. 댄스 대회에서 일등을 하고 난 후 최소한 아이들이 먼저 괴롭히거나 놀리지는 않는다. 하지만 댄스 스포츠에서 일등을 했다고 아이들이 감동하거나 좋아하지는 않는다. 오히려 미워하는 애들이 생길 수 있다. 마리안이 댄스를 잘 한다는 것은 애들이 다 안다. 같이 나가서 공연을 해도 사람들이 다 마리안만 쳐다본다. 그런 점 때문에 오히려 역효과가 날 수 있다.

그보다는 교실에서 마리안의 가족 얘기를 종종 들려줄 기회가 생기는데 그럴 때마다 아이들이 이해해주고 좋아한다. 마리안은 자기가 먼저 가족 얘기를 꺼낸다. 수업 시간에 자기 집 하고 비슷한 얘기가 나오면 서슴없이 자기 집도 그렇다고 설명하고 얘기한다. 한번은 공개수업을 하는 날이어서 외부 손님이 오셨다. 마침 마리안이 자기가 그린 작품을 아이들에게 소개하고 있었는데, 그때 자기 아빠 얘기를 했다. 그러면서 자신의 어두운 마음을 이야기했다. 보통 아이들은 그런 얘기를 하기 싫어하는데 마리안은 그 얘기를 당당하게 했다. 외부 손님이 마리안이 설명하는 것을 듣고 충격을 받았다. 수업을 얼마나 잘 하면 애들이 저렇게 할까 하고. 수업을 잘 한 것이 아니라 마리안은 원래 그렇게 그냥 자기 얘기를 해보겠다고 한다. 아이들은 그 얘기가 나오면 귀를 쫑긋 세우고 솔깃해서 듣는다. 그런 부분이 마리안과 어느 정도 친해지는 매개가 된 것 같다.

앞으로 마리안의 교우 관계가 더 개선되려면 남들이 자기를 별로 안 좋아할 거라는 생각을 버리고 친구 관계에 더 자신감을 가져야 한다. 주변을 둘러보면 마리안이 조금씩 마음을 열면 친해질 수 있는 아이들이 있다. 아이들이 다 마리안을 싫어하고 멀리하지는 않는다. 비슷한 신세인 애들이 있다. 착한데 적극적이지는 못해서 같이 어울리는 데 못 끼는 아이들. 그런 아이들하고 일단 친해지면 된다. 그런데 마리안은 그런 작업조차도 잘 안 하려고 한다. 지금은 웬만큼은 잘한다. 지금 조사를 해보면 '마리안 하고 편하게 얘기해요' 하는 애들이 대여섯 명 된다. 그 전에는 아무도 없었다. 그런데도 여럿이 같이 어울릴 때는 아직도 거기에 잘 못 낀다. 마리안은 그런 상황에서 매번 충격을 받고 상처를 받는다. 상처를 잘 받는데 이제 만성이 됐을 것이다. 아무리 못 껴도 멀리서 지켜보지만 말고 적극적으로 꼈으면 좋겠다.

그리고 마리안도 욕심을 좀 버려야 한다. 자기가 주인공이 되고 자기가 뭔가 다 보여줘야 된다는 생각이 강하다. 아이들이 그런 걸 싫어했을 수도 있다. 댄스 팀 공연할 때도 마리안이 주도적으로 하니까 그런 면들이 쭉 보인다. 그래서 '좀 빠지면 좋겠다. 이건 뒤에서 이렇게 했으면 좋겠다'고 얘기를 하면 그 말을 이해를 못한다. '자기가 잘할 수 있는 데 왜 빠져야 되느냐'면서 그걸 따진다. 교감 선생님께 가서 따진다. '우리 반에 이런 일이 있는데 불공평한 거 아닙니까?' 그런 점은 참 신기하다. 한국에서 태어나서 살았는데도 자기주장이 강하고 자기중심적이고 적극적인 사고방식을 가지고 있다. 이게 다 문화 차이구나 라는 생각이 든다. 그걸 나쁘다고 생각하는 건 아니지만, 마리안이 한국 사회에서 적응하려면 이런 점은 좀 바뀌어야 한다. 이제 5학년이 되면 남의 얘기를 이해할 수 있는 나이가 되니까 그런 걸 배워가면 좋을 것 같다.

6) 5학년이 된 마리안의 이야기

마리안에게 자랑스러운 점은 가족이 많고, 학교에서 아무 문제없이 잘 지낸다는 것이다. 그리고 함부로 욕도 안 한다. 잘하는 것은 춤이나 운동이다. 춤추는 것과 노래 부르고 운동하는 것을 좋아한다. 가끔 가수들이 부르는 음들 중에서 몇 개를 뽑아 합쳐서 노래를 불러보기도 한다.

장래희망은 가수가 되는 것이다. 좋아하는 가수는 아이비와 이효리다. 외국 가수들은 잘 모른다. 마리안이 가수가 되고 싶다고 했을 때 엄마는 노래를 더 잘 부르면 가수를 할 수 있게 해주신다고 했다. 가수가 되어 꿈을 이루면 어머니의 소원을 이루어주고 싶다.

요즘에 춤은 추지 않는다. 진주반 선생님께 부채춤을 배우기로 했는데 선생님이 바쁘셔서 언제 가르쳐주실지 모른다. 5학년 올라와서는 아직 한 번도 배우지 않았다.

최근에 가장 재미있었던 일은 우리 반끼리 남산을 걸었던 일이다. 특별한 사건이나 사고는 없었다. 5학년 올라오고 난 뒤에 바뀐 점이 있다. 예전에는 수줍음을 많이 탔지만 지금은 수줍음을 타지 않고 더 활발해졌다. 또 예전에는 애들에게 놀림을 많이 받았는데 지금은 바뀌었다. 4학년 때는 애들이 놀리거나 했는데, 5학년 올라오니까 애들이 놀리지도 않고 잘해준다. 애들이 잘해주니까 좋다. 또 애들이 마리안을 좋아하고 애들에게 인기를 얻은 만큼 자신도 계속 바뀌어야 한다고 생각한다. 전에는 가끔씩 애들이 싫어하는 행동을 한 적이 있다. 예를 들어, 애들이 뭘 쓰고 있을 때 콧노래를 부르면 애들이 싫어했다. 그래도 가끔 불렀는데, 그런 행동을 하지 않고 애들이 좋아할만한 행동을 하면서 마리안이 바뀌자 애들도 달라졌다.

마리안과 친한 친구 윤아는 땡땡이를 잘 친다. 오늘도 땡땡이 쳐서 안 왔다. 윤아의 버릇을 고치려고 충고도 해주고 데리러 가기도 한다. 걔도 애들이 싫어하는 행동을 하기도 한다. 어떨 땐 걔가 특별히 잘못한 게 없어도 애들이 뭐라고 하기도 하고, 어떨 땐 걔가 잘못하기도 한다.

학교에 있을 때 애들이 가끔 놀려서 마음이 불편할 때도 있다. 일부러 뭘 하게 하거나 거짓말로 마리안이 뭘 했다고 할 때가 있다. 그땐 소리를 지른다. 그렇게 자꾸 괴롭히면 마음이 불편하다. 그렇게 마음이 불편할 땐 자신을 괴롭히는 애들이 앞에 있다고 생각하고 자기 생각을 말하는 상상을 한다. 실제로 말하지는 못한다. 하지만 친구들이 너무 심하면 울 때도 있다.

마리안이 좋아하는 수업은 체육이다. 싫어하는 수업은 딱히 없다. 도덕이 좀 쉽게 느껴지지만 사회는 지루하고, 수학은 힘들다. 누군가 공부하는 것을 도와줄 수 있다면 수학을 가르쳐달라고 하고 싶다. 마리안은 공부를 잘 하는 편은 아니다. 공부하다가 어려운 게 나오면 혼자 하거나 공부방 선생님이 도와주신다. 올해 봄부터 동생 샤샤와 함께 공부방을 다니고 있다. 공부방에는 일주일에 세 번 간다. 공부방에서 6시 반부터 8시까지 공부한다. 거기 가면 피아노도 배우고, 숙제도 하고, 수학, 국어도 배운다. 공부방에는 한국 애들도 있고 유치원 다니는 애들도 있다.

작년에 태어난 막내 동생이 이제 12개월이 되었다. 돌잔치는 하지 않고 가족끼리 집에서 생일파티를 한다. 아빠가 없으니까 힘들다. 계속 사람들에게 도움을 받는 것이 미안하기도 하다. 그래서 빨리 돈을 모아서 엄마가 빌린 돈도 갚고 지금까지 마리안의 가족을 도와준 사람들에게 무언가를 베풀고 싶다.

아빠에게 어제도 지난주에도 전화가 왔다. 그때 자고 있어서 직접 통화는 못했다. 아빠는 작년 여름에 나이지리아로 가셨다. 아빠는 다시 한국으로 나오길 원하신다. 아빠처럼 마리안도 한국에 있는 것이 낫다고 생각한다. 만일 한국에 있다가 나이지리아로 가면 1학년부터 다시 다녀야 할지도 모른다. 그렇게 되지 않으려면 한국에서 끝까지 하고 가야한다. 물론 초등학교를 졸업하고 갈 생각이 있다면 갈 수는 있겠지만 그러자면 돈이 있어야 한다. 동생들도 많은데 다가려면 힘들 것 같다.

엄마는 직장을 구하신 것은 아니지만 누군가의 도움으로 일거리는 있다. 엄마가 밖에서 일하시기 때문에 동생들은 누구에게 맡기고 가신다. 학교 끝나면 마리안이 샤샤와 함께 동생들을 데리고 온다. 집 열쇠를 엄마가 가지고 계시는데 일하러 가시면 집에 못 들어갈 때가 있다.

가족과 관련하여 고민되는 것은 동생들이 너무 튄다는 것이다. 특히 샤샤는 반에서 제일 튄다. 다른 애들하고 다르고 가끔씩 장난을 친다. 또 엄마가 바쁘게 일하셔서 가족들끼리 같이 못 있다는 것도 고민이다. 가족이 아무 문제없이 아빠도 돌아오고 엄마도 직장에 다니면서 도와주고 그렇게 바뀌면 좋겠다.

마리안은 어떨 땐 한국 사람 같고 어떨 땐 나이지리아 사람 같다. 자신이 한국 사람이라고 하면 엄마는 나이지리아 사람이라고 한다. 한국말을 잘해서 다른 사람들에게 칭찬받을 때 특히 한국 사람이라고 느낀다. 하지만 영어를 잘해서 칭찬받을 땐 한국 사람이 아닌 것 같기도 하다.

7) 5학년 4반 친구들의 이야기

(1) 차도연의 이야기

도연이는 패션디자이너가 되는 것이 꿈이다. 이모네 가족이 일본에 사서서 일본에 가본 적이 한 번 있다. 원래는 연예인이 꿈이었지만 적성에 안 맞는 것 같아 포기했다. 그림을 잘 그리는 도연이를 보고 엄마가 패션디자인을 권해주셨다. 도연이는 매일 동네에 있는 학원에서 국어, 수학, 사회, 과학을 공부한다. 피아노도 꾸준히 배우고 있다. 과학은 엄청 어렵지만, 사회는 잘하고 좋아한다. 디자인부 특별활동 선생님께 창의력이 좋다는 칭찬도 받았다.

직장 생활을 하시는 엄마는 아주 차가운 분이다. 잘해줄 때 잘해주시지만 너무 화를 많이 낸다. 특히 열 살 차이나는 동생을 안 돌볼 때 화를 많이 내신다. 엄마는 지금 살고 있는 동네가 싫어서 다른 곳으로 이사를 가고 싶어 하신다. 외국인이 너무 많고 물도 좋지 않다는 것이 그 이유다. 엄마는 이 동네에서 쭉 자랐는데, 젊었을 때 사귄 외국인 친구가 도둑질도 하고 범죄를 저지르기도 해서 싸우고 헤어진 적이 있다고 하신다. 그래도 도연이는 이 동네가 창피하지는 않다.

외국인은 한국에 돈 벌러 온다. 외국인이 많아지는 건 좋은 것도 나쁜 것도 아니다. 외국인들 중에는 좋은 사람들도 있고 나쁜 사람들도 있다. 외국인에 대해서는 별로 선입견이 없다. 도연이에게 잘해주고 나쁘지만 않다면 외국인하고 친구가 되고 싶은 생각도 있다. 특히 선호하는 나라는 없고 다 좋다.

국제결혼이나 혼혈이라는 말을 들어본 적 있다. 국제결혼은 국적이 다른 사람끼리 결혼하는 것이다. 혼혈은 국제결혼을 해서 아이를 낳아서 우리나라 사람 피랑 다른 나라 사람 피랑 섞여서 그 나라의 중간단계가 나타나는 것이다. 국제결혼이든 혼혈이든 자기들 마음이니까 괜찮다. 도연이도 마음이 맞으면 국제결혼 할 수도 있을 것이다. 외국인

다민족, 다인종 학급에 대한 질적사례연구

과 달리 한국인은 다른 나라에 비해서 예절과 효를 중시한다.

마리안은 다른 친구들과 잘 어울리지 못한다. 마리안과는 4학년 때도 같은 반이었다. 그때 마리안이 혼자서 칠교놀이를 하고 있어서 다른 여학생들 두 명과 함께 젠가를 같이 하자고 했다. 젠가를 하는 동안 마리안은 계속 투덜거렸다. 한 번은 배드민턴을 같이 한 적도 있었는데 도연이가 실수로 헛스윙을 하자 투덜거렸다. 마리안은 애들이랑 뭐 할 때마다 투덜투덜한다. 마리안이 처음에 전학 왔을 때 좋은 관계를 유지하다가 애들이 점점 마리안을 거부했다. 그래서 마리안이 점점 나빠진 것 같기도 하다. 도연이도 사실 마리안을 친하게 대해준 것은 아니었다. 조금 싫어했다. 그런데 남자 애들이 마리안에게 얼굴과 피부가 까맣다고 놀려서 마리안에게 너무 상처를 주었다. 어떤 공주병이 있는 여자애들은 마리안이랑 손이 닿으면 완전 피하거나 손 씻고 공부하기도 했다. 그럴 때 보면 마리안이 너무 불쌍하다는 생각이 들었다. 도연이에게 그랬다면 애들을 다 때렸을 것이다. 마리안이 애들을 때린 적은 없다. 그래도 남자애들이 괴롭혀서 몇 번 운 적은 있었다.

5학년 때도 같은 반이 돼서 엄마가 집에 있는 컴퓨터 중 안 쓰는 것 한 대를 마리안에게 주었다. 다음날 컴퓨터 잘 되냐고 물어봤는데 아무 대답도 안 했다. 기분이 좀 상했다. 헛 베풀었다는 생각이 들었다. 또 마리안이 돈이 없어서 수련회를 못 가게 됐을 때 엄마가 8만 원을 대신 내주려고 했다. 결국 담임선생님이 대신 내주셨다. 마리안은 도연이가 뭘 물어보면 말을 잘 안 한다. 4학년 때는 그래도 밝고 말도 잘했다. 선생님과도 말을 잘했는데, 이젠 말도 잘 안 한다. 수업시간에 발표는 하는데, 애들이랑은 멀어지는 것 같다.

(2) 김정원의 이야기

　정원이는 아나운서가 되고 싶다. 아나운서가 되려면 영어도 잘하고 공부도 열심히 해야 한다. 매일 보습학원에 가서 네 시간씩 전 과목을 공부한다. 특별히 어려운 과목은 없지만 사회는 지루하다. 1학년 때부터 배워서 피아노와 바이올린도 잘한다. 친구들 중에는 도연이, 지혜랑 친하다. 도연이는 친구를 잘 배려해주고 지혜는 학원도 같이 다니며 심심할 때 같이 놀아준다. 공부도 잘하고 친구들 배려도 잘해준다고 선생님께 칭찬을 받는다. 야단을 맞아본 적은 별로 없다. 담임선생님은 재미있고 우리 반 친구들 모두를 딸, 아들처럼 소중하게 대해주신다. 반 친구들 중에 잘 못 지내는 사람은 없다. 특히 말썽을 부리거나 다른 친구들이 싫어하는 친구도 없는 것 같다.
　정원이가 사는 동네는 깨끗하고 화목한 동네다. 외국인도 자주 볼 수 있다. 정원이네 집 앞에도 외국인이 살고 있다. 흑인 남자인데 한국인 여자랑 결혼했다. 아이가 있는데 아주 귀엽다. 정원이가 그렇게 되지는 않겠지만 좋아서 결혼한 거니까 괜찮다고 생각한다. 정원이 부모님은 왜 저런 결혼을 하는지 모르겠다고 하신다. 그런 말을 들으면 엄마가 왜 그럴까 하고 생각한다. 물론 정원이가 생각할 때도 한국인하고 한국인이 결혼한 부부가 제일 잘 어울린다. 한국인은 말도 통하니까 부부끼리 화목하게 살 수 있다. 안 그러면 영어도 잘 못하고 그러면 말이 안 통할 수 있다. 그래도 앞집 부부를 보면 걱정되지는 않는다. 오히려 너무너무 재미있다. 전에 학원 가려고 집에서 나왔을 때 외국인분이 정원이에게 인사도 하고 사탕 같은 선물도 주었다.
　외국인들은 싫을 때도 있고 좋을 때도 있다. 백인인데 한국인처럼 보이면 좋다. 그렇지만 약간 거북한 얼굴인데 얼굴이 회색빛이면 싫다. 왜 싫은지 이유는 모르겠다. 외국인이 점점 많아지는 것은 좋은 일이다. 외국인이 많아지면 문화제가 들어오고 관광객도 늘어나서 한국이 더 발전한다. 외국인이 우리나라에서 살겠다고 하면 우리나라 인구가 더 많아지고 더 발달하게 되니까 더 좋은 일이다. 이왕이면 한국인처럼 잘생긴 외국인이 더 많이 들어오면 좋겠다. 한국인은 눈이나 손이 작지만, 외국인은 눈이 크고 손도 엄청 크다.

외국인 노동자, 국제결혼 가정, 다문화가정, 다문화교육이라는 말을 들어본 적은 없지만, 혼혈이라는 말은 들어본 적 있다. 한국인하고 외국인하고 결혼해서 아이가 외국인도 되고, 한국인도 되는 것이다. 정원이의 사촌 언니도 혼혈이다. 큰 이모가 프랑스 사람과 결혼했기 때문이다. 정원이는 사촌 언니에게 한국말을 가르쳐주고 같이 논다. 둘째 사촌 언니도 된장찌개나 김치찌개도 잘 끓여 먹는다. 사촌 언니를 보면 좀 부럽다. 영어도 잘하고 다른 나라에 대해 잘 알 수 있어서 좋아 보인다. 정원이의 엄마는 외국인하고 결혼하는 것도 좋다고 하신다. 정원이도 외국인과 결혼할 수 있다고 생각하시는데 흑인하고 결혼하는 건 안 좋다고 생각하신다. 정원이는 흑인이든 백인이든 다 좋다.

아람초등학교에도 외국인이 있다. 마리안은 흑인이지만 한국말을 잘해서 진짜 한국인이랑 대화하는 느낌이다. 마리안은 나이지리아 사람이다. 나이지리아는 한국보다 대여섯 배 더 크고 좋은 나라다. 마리안이 나이지리아에 대해 얘기하는 것을 듣고 나이지리아에 가서 한 달만 살아봤으면 하는 생각이 들었다. 마리안은 친구들이 뭐가 필요하다고 하면 잘 빌려준다. 문화상품권을 달라고 해도 그냥 주는 마음이 착한 아이다. 그래서 여자애들이 마리안을 좋아한다. 마리안은 나중에 훌륭한 사람이 될 것 같다. 아무리 흑인이어도 한국말을 잘하기 때문에 사회생활을 잘할 것 같다.

(3) 정현규의 이야기

현규는 고고학자가 되고 싶다. 부모님도 찬성하신다. 고고학자가 되기 위해 세계유물을 잘 알아야 하고 책도 많이 읽어야 하고 지식도 많아야 한다. 수학을 좋아하고 음악이 쉽다. 영어는 지루하고 어렵다. 현규는 친구들을 잘 웃기는 장점이 있다. 선생님께 인간성이 좋고 잘 웃는다고 칭찬을 받았다. 학교에서 생활하면서 어려운 점은 별로 없다. 친구들 중에는 현수, 병철이와 친하다. 서로 재미있게 웃으면서 같이 놀러 다닌다. 특별히 싫어하는 친구는 없다. 수련회 가서 남자애들 단체로 장기 자랑한 게 기억에 남는다.

반에서는 윤아라는 여학생이 선생님께 야단을 가장 많이 맞는다. 학교에 잘 나오지 않고 집에서 3학년 동생과 놀기 때문이다. 윤아는 공부도 뒤처지고 집도 가난해서 좀 불쌍하게 느껴진다. 마리안도 좀 불쌍하다. 동생들이 많아서 동생들을 돌보느라 공부를 잘 못하기 때문이다. 점심시간에 윤아의 공부를 가르쳐준 적이 있는데 마리안을 도와준 적은 없다. 마리안과는 4학년 때도 같은 반이었다.

마리안은 5학년이 되어 왕따를 안 당하고 애들하고 좀 친해진 것 같다. 4학년 때는 왕따라는 느낌이 있었다. 주로 남자 애들이 마리안의 얼굴이 완전 썩는다고 했다. 친구들이 그런 말 하는 걸 들으면 썩지도 않은 얼굴을 썩었다고 거짓말을 해서 커서 이상한 사람들이 될 것 같다는 생각이 든다. 5학년이 되어 마리안이 더 행복해졌는지는 모르겠다. 왜냐하면 다른 반 애들이 또 썩었다고 할 수 있기 때문이다.

마리안은 다른 아이들과 터놓고 이야기하는 애가 아니다. 비밀을 감추고 다니는 아이다. 자기에 대해서는 말하지 않고, 그림으로만 표현한다. 작년에 놀이터 그림을 그릴 때 그네와 시소는 있는데 사람은 한 명도 없는 그림을 그렸다. 마리안이 왕따 당하는 느낌을 표현했다고 설명했다. 마리안은 그림 그리기, 댄스를 잘한다.

한국에 외국인이 많아지는 것은 좋을 수도 있고 나쁠 수도 있다. 좋은 점은 외국인들과 친해지고 영어도 잘할 수 있다. 나쁜 점은 한국의 규칙을 잘 몰라서 행패를 부릴 수도 있다. 그런 걸 직접 본 적은 없다.

국제결혼은 외국인 사람과 한국 사람이 결혼하는 것이다. 혼혈은 외국 사람과 한국 사람이 결혼하여 아기를 낳으면 피가 섞이는 것이다. 국제결혼이나 혼혈은 괜찮다. 그런데 나는 잘 모르겠다. 4학년 때 다른 반에 한우리라는 혼혈이 있었는데 애들이 왕따를 시킨 걸 보니 안 좋은 것 같았다. 자세한 건 모르지만 한우리가 죽으러 간다고 밖에 나가서 학교에 안 온 적이 있다.

한국인은 서로 친하게 지내고 음식도 잘 먹고 건강한 사람이다. 마리안은 한국에서 태어났으니까 한국인이다. 한국에서 계속 살았으면 좋겠다.

(4) 박민재의 이야기

민재는 판사가 되고 싶다. TV를 보다가 그런 생각이 들었는데 아직 준비는 못하고 있다. 민재는 체육을 좋아하고 잘하지만, 음악과 미술은 못한다. 하루 중 학교에 올 때가 가장 신난다. 학교에서 친구랑 놀 때, 선생님이랑 공부할 때 즐겁다. 담임선생님은 재미있게 공부해주시고 죄송하다면 용서해주신다. 우리 반 학생들 중에는 윤아가 학교에 늦게 와서 야단을 많이 맞는다. 동생이 학교 오기 싫다고 해서 그런 것이다. 5학년 때는 요리 실습하고, 체육 시간에 배드민턴 치고, 미래소년 코난 영화를 본 게 재미있었다. 학교 마치면 보습학원도 다니고, 태권도도 배운다.

민재네 동네에는 외국인이 많다. 민재의 집 위층, 아래층에 외국인이 산다. 코가 좀 높고 뚱뚱하다. 어떤 일을 하는지는 모른다. 그 외국인에게 'Hello!'라고 해본 적 있다. 외국인 중에 특히 좋아하는 생김새는 없다. 그래도 황인종이 제일 좋고, 그다음은 백인종이 좋고, 그다음은 흑인종이다. 흑인종은 다른 데는 다 검은데 손바닥이 하얘서 무섭다는 생각이 든다.

마리안은 친구를 잘 도와준다. 그런데 거짓말을 좀 한다는 단점이 있다. 예를 들면, 체육 시간에 줄넘기를 할 때 우리가 개수를 셌는데, 우리가 센 거보다 더 높게 말한다. 요즘엔 안 한다. 5학년 때 같은 반이 돼서 처음 봤을 때는 이상했다. 머리를 희한하게 땋아서 좀 신기했다. 지금은 익숙해져서 신기하지 않다. 마리안이 어느 나라 사람인지는 잘 모르겠다.

우리나라에 외국인이 많아지는 건 좋지 않다. 영어를 잘 못하는데 상점들이 영어로 바뀌어서 뭐가 뭔지 모르겠다. 국제결혼, 다문화가정, 다문화교육은 들어본 적 없다. 혼혈은 우리나라 사람이랑 다른 나라 사람이 결혼해서 낳은 아이다. 혼혈은 안 좋지만 어쩔 수 없다.

난 다른 나라 사람과 결혼할 생각은 없다. 한국 사람이 좋다. 한국 사람은 태어났을 때 엉덩이에 몽골점이 있고, 광대뼈가 튀어 나와 있다. 민재도 직접 본 적은 없지만 어렸을 때 몽골점이 있었다고 들었다. 마리안은 한국에서 태어났기 때문에 한국 사람인 것 같기도 하다. 몽골점이 있었는지는 모르겠다.

8) 5학년 4반 담임선생님의 이야기

마리안은 학습 면에서는 공부를 하려고 하는데 따라주지 않는 면이 있다. 말하고 듣기, 발표하는 것은 상당히 잘한다. 그런데 수리 계산에서는 아주 약하다. 인성 면에서는 갖고 있는 마음이 순수하고 좋은 아이다. 우리 반에 결석을 잘하는 아이가 있는데 다른 학생들은 그 아이와 접촉을 잘 안 하려고 하는데, 마리안은 그 아이와도 친구 관계를 유지할 수 있는 아이다. 하지만 받는 것을 당연시하는 경향이 있다. 그래서 남에게 무언가를 받았으면 감사하다는 표현을 할 줄 알아야 할 것 같다. 예를 들어, 작년 진주반 김 교사가 마리안과 샤샤의 교육을 위해 많은 애를 써 주어 마리안과 샤샤가 상도 받고 장학금도 받았다. 그런데 스승의 날에 김 교사에게 편지를 쓰지 않아서 선생님께 감사의 마음을 표현할 줄 알아야 한다고 이야기한 적 있다. 뭔가 표현하고 싶은 마음은 굴뚝같이 있는데 그걸 표현하지 못하는 것 같다. 1학기 때도 몇 번 마리안에게 '감사할 줄 아는 마음을 길러야 네가 클 수 있다. 마음 크는 것이 공부다'라는 말을 많이 해주었다.

마리안은 자기 확인증, 혹은 인정욕구가 상당히 많다. 인정받고 싶어 하고 인정받으면 굉장히 좋아한다. 그 인정욕구를 충족만 시켜 준다면 아주 크게 발전할 거라 생각한다. 마리안에게는 친구들이 뭐라고 하는 것보다는 선생님의 칭찬을 더 바라는 마음이 많다. "선생님, 나 이거 했어요" 하면서 확인받고 싶어 한다. 친구들이 괴롭히면 간간히 얘기한다. "선생님, 뭐 가져갔는데 안 돌려줘요." 그럼, 엄하게 "해결해!"라고 얘기한다. 나는 마리안이 다투면 똑같은 입장에서 마리안을 야단치려고 한다. 아직 그런 적은 없다. 나는 똑같은 잣대로 똑같이 본다. 4학년 담임선생님은 배려하고 보호했다면 난 그렇지 않다. 마리안을 야단도 잘 친다.

마리안은 가수를 하고 싶다고 하면서도 정작 멍석을 깔아주면 잘 안 하려고 한다. 좀 뻔뻔해져야 하는데 그렇지 못하다. 못해서 그렇다기보다는 뭔가를 억제하는 것 같다. 남이 보이기 시작하면서 '쟤는 어떻게 생각할까?', '여자애들은 뭐라고 생각할까?'와 같은 객관적인 사고가 생기는 것 같다. 마리안은 4학년 때 자신이 춤을 잘 춰서 친구들이 시샘한다고 생각했다. 그때부터 친구들이 자신을 굉장히 미워하기 시작했다는 것이다. 그래서 자신이 춤을 잘 추는 것을 드러내지 않아야 된다고 생각하고 있었다. 그런 것까지도 극복할 필요가 있다. 자기 개성만 키운다면 충분히 인순이 이상 가는 가수가 될 수 있을 것이라고 믿는다.

마리안은 친구 관계의 범위가 좁다. 그것을 넓힐 수 있어야 하는데 그렇지 못해서 아쉽다. 3월 달 시작하면서 인종 편견에 대해 아주 엄하게 얘기를 해서 그런 일은 전혀 없다. 그래도 친구도를 그려보면 마리안에게 가는 화살표 개수가 좀 적다. 반 학생들이 차별을 안해야

지 하면서도 밑바탕에는 그런 생각을 갖고 있기 때문일 수 있다. 또는 마리안이 다른 친구들하고 밝게 마음을 나눌 수 있는 관계가 되지 못해서일 수도 있다. 마리안은 남에게 나눠주기 좋아하는 성미다. 그런데 실제로는 좀 덜 준다. 마음을 나누고 감사할 줄 아는 생활을 할 필요가 있다.

마리안에게 엄마와 항상 영어로 대화하고 영어를 잊지 말라고 했다. 남들은 영어를 일부러 배우려고 노력하는데 너는 갖고 있는 게 영어 아니냐고 했더니, "난 영어 못 해요. 한글이 더 쉬워요"라고 했다.

마리안에게 지금 가장 필요한 것은 금전적인 지원이다. 야영수련회를 간다든지, 소풍을 가야할 때 마리안이 가장 마음 아파한다. 수련회비는 8만 5천원, 2박 3일간 이루어지는 고적답사비는 10만원이 넘는다. 5학년에서 회비를 못내는 아이들이 너무 많아 학교에서도 지원을 해주기가 어렵다. 가정 형편이 좋다면 지금보다 마음이 덜 쓰일 것 같다.

마리안은 한국인이다. 한국에서 같이 살고 있기 때문이다. 마리안은 자신이 아직 한국인이라는 생각을 못하고 있다. 친구들도 아직 정확하게 마리안이 한국인이라는 생각을 안 한다. 나는 "마리안은 한국인이다"라고 했다. 마리안은 주민등록번호가 없어서 인터넷 사이트에 등록할 때도 외국인으로 가입해야 한다. 그래서 그동안 인터넷 사이트에 접속을 못했다. 내가 대신 가입을 시켜줬다.

 # 2. 아주즈와 서지영

1) 3학년 1반

아침 자습 시간. 학생들이 담임선생님의 지도에 따라 글씨 예쁘게 쓰기 연습을 하고 있다. 3학년 1반 학생은 남학생 15명, 여학생 11명, 총 26명이다. 학생들은 6개 모둠을 이루어 앉아 있다. 아주즈는 초록색 티셔츠를 입고 교실 안쪽 창가 맨 앞쪽에 앉아서 글쓰기에 열중하고 있다. 머리를 양 갈래로 묶은 지영이는 교실 뒷문 옆 모둠에 앉아 있다. 뒤편에 있는 카메라를 한 번 돌아볼 뿐 딴청 피우지 않고 열심히 글쓰기를 한다. 교탁 바로 앞에는 다운증후군을 앓고 있는 새롬이가 앉아 있다.

오늘은 5교시 수업이다. 지영이는 수업 중 곧잘 손을 들어 발표를 하며 수업의 흐름을 따라간다. 반면 아주즈는 수업 내내 손으로 귀나 머리를 만지고 몸을 자주 비틀며 주위를 두리번거린다. 선생님은 가끔 "아주즈, 다리!" 하며 자세를 바르게 하도록 한다. 아주즈는 수업 내용에 따라 수업 참여를 활발하게 하기도 하지만, 그렇지 않을 때는 수업에 집중하지 않는 모습이다. 쉬는 시간에도 지영이가 움직임이 적은 편이라면 아주즈는 교실을 이리저리 돌아다니며 움직임이 많다. 둘 다 같은 모둠에 있는 친구들은 물론 다른 모둠에 있는 반 친구들과 몸을 부딪치기도 하고 웃기도 한다. 여학생, 남학생 구별 없이 상호작용한다.

[장면 1] 1교시 국어 시간. 시를 읽고 시에 나오는 인물이 되어 보는 것이 오늘 배울 내용이다. 담임교사가 '평소에 굉장히 아끼고 소중하게 여기던 것을 잃어버린 경험이 있는지'를 학생들에게 묻는다. 지영이는 곧은 자세로 앉아 친구들이 손들고 발표하는 내용을 유심히 듣다가 다섯 명쯤 발표를 하고 나자 손을 들어 발표한다. "제가 다섯 살 때쯤에 겨울에 일본에 갔거든요. 엄마랑 동생이랑 할머니랑 지하철 타다가요, 팔이 지하철 문이 닫히는데 끼어가지고요, 하마터면 팔을 잃어버릴 뻔 했어요." 팔을 잃어버릴 뻔 했다는 말에 같은 반 아이들이 깜짝 놀란다. "큰일 날 뻔 했네." 담임교사는 이렇게 말한 뒤 다시 물건 잃어버린 경험으로 초점을 돌린다. 지영이의 발표가 끝나자 졸린 표정으로 앉아 있던 아주즈가 손을 번쩍 든다. "아주즈, 어떤 일이 있었어?" 아주즈는 엄마와 다문화 마당에 갔다 오면서 지하철을 탔을 때 바람에 날려 물건을 잃어버린 이야기를 발표한다. 선생님과 학생들의 반응을 보며 뿌듯한 표정으로 자리에 앉는다.

[장면 2] 영어 시간. 원어민 남자 선생님과 한국인 여자 선생님이

함께 수업을 진행한다. 오늘은 시제를 배운다. 다른 학생들 책상에는 영어 교과서가 펴 있지만 아주즈 책상에는 교과서가 없다. 전체적으로 학생들의 목소리와 동작이 전 시간보다 더 커진다. 지영이는 자주 손을 들고 수업에 활발하게 참여한다. 아주즈도 국어 시간보다 훨씬 자주 손을 들고 발표한다. 숫자와 관련된 쪽지 시험을 볼 때는 다른 학생들보다 빨리 해결하고 책상에 낙서를 하며 논다. 빙고 게임을 할 때는 집중하다가 게임이 반복되자 이내 책상에 엎드려 있다.

수업이 끝나고 쉬는 시간, 아주즈는 교실 중간에 있는 모둠에 가서 남학생들과 장난을 치며 논다. 지영이는 자리에 앉아 국어 숙제를 한다.

[장면 3] 과학 시간. 선생님이 들어오셔서 "자리에 앉자"라고 말씀하신다. 아주즈는 가장 늦게 자리에 앉는다. 아주즈의 짝꿍이 피리를 들어 보이며 "선생님, 아주즈가 이거 뺏어 갔어요." 하자, 선생님께서 낮은 목소리로 힘을 주어 "아주즈야" 하신다. 오늘 과학 수업은 어제에 이어 달의 모양이 매일 어떻게 달라지는지, 하룻밤 동안 보름달 모양이 달라지는 모습을 문답식으로 확인하며 진행된다. 남학생들의 수업 참여가 매우 활발하다. 적극적으로 답하고 질문도 한다. 아주즈는 교과서를 펴서 이리저리 훑어보지만 별로 발표를 하지는 않는다. 선생님께서 "아주즈야, 과학책 아니고 실험 관찰이에요" 하고 말씀하시자 아주즈가 책 한권을 더 꺼낸다. 과학 수업은 '달 탐사 계획서'를 모둠별로 짜는 활동으로 넘어간다. 여학생 둘, 남학생 둘로 이루어진 아주즈 모둠은 활발하게 의사소통을 한다. 달에 가면 알아보고 싶은 것은 '암스트롱의 발자국이 남아 있을까?'와 '달의 내부는 어떻게 생겼을까?'이다. 이 두 문제를 알아 내기 위한 방법은

'달에 직접 가 본다'이다. 아주즈가 자기 교과서에 혼자서 빠른 속도로 이 내용을 기록하자 맞은 편 여학생이 "아주즈야, 너 혼자 하는 거 아니야. 다 같이 하는 거야"라고 한다. 다시 모둠활동에 합류한 아주즈가 적극적으로 의견을 제시한다. 달 탐사를 하기 위해 필요한 준비물은 우주선, 우주복, 연료, 먹을 것, 헬멧이다.

지영이는 자리를 옮겨서 남학생 맞은편에 앉아 있다. 달에 대해 궁금한 것을 알 수 있는 방법으로 지영이가 직접 가서 본다는 의견을 제시했다. 맞은편 남학생과 다른 의견이다. 나머지 남학생 둘 중 한명씩이 지영이와 다른 남학생 의견에 각각 동의했다. 지영이 옆자리 남학생의 제안에 따라 가위, 바위, 보를 세 번 하여 누구 의견을 따를지 결정한다. 결국 지영이가 졌다.

[장면 4] 4교시 체육 시간. 운동장으로 이동하기 위해 복도에 학생들이 줄지어 서 있다. 줄 서 있던 남학생 한 명이 발을 걸어서 지나가던 지영이가 복도에 꽈당 큰 소리를 내면서 넘어진다. 지영이는 웃으면서 일어선다. 발을 건 아이에게 별말 하지 않는다.

운동장에서 피구를 시작하기 전 학생들이 모두 운동장을 줄지어 서너 바퀴 뛴다. 아주즈는 뒤에 한참 쳐져서 맨 꼴찌로 달린다. 준비운동을 한 뒤에 선생님께서 운동장에 줄을 긋는다. 석회가 없다고 하자 아주즈는 자발적으로 손을 들고 석회를 가져온다. 선생님을 도와 운동장에 줄을 긋는다. 선생님께서 아주즈에게 "고맙습니다"라고 한다.

피구가 시작되자 지영이는 웃고, 소리 지르고, 팔짝 뛰며 좋아한다. 공이 밖으로 새어 나가면 남학생들과 함께 가장 멀리까지 뛰어

가서 공을 주워온다. 집어 온 공을 다른 아이들이 달라고 하면 넘겨준다. 아주즈는 지영이와 다른 팀이다. 아주즈는 공 가진 아이들에게 적극적으로 공을 달라고 해서 공격한다. 공을 잽싸게 피하거나 공을 던져 두 명을 아웃시키기도 한다. 공을 잡은 같은 편 남학생에게 누구를 맞추라고 코치를 하기도 한다. 피구는 똑같은 방식으로 세 차례 진행된다.

[장면 5] 점심 시간. 도시락 뚜껑이 열리지 않자 지영이가 앞으로 나와 선생님께 도움을 요청한다. 각자 제자리에 앉아서 조용히 도시락을 먹기 시작한다. 아주즈는 혼자 돌아다니며 다른 모둠에 가서 자연스럽게 친구의 물을 먹는다. 자기 반찬을 가져와 다른 친구에게 먹으라고 권하기도 하고, 다른 친구의 반찬도 집어 먹는다. 반면 지영이는 자기 자리에서 다른 학생보다 더 오래 식사를 한다. 점심을 먹고 나자 아이들이 운동장에 놀러 나간다. 지영이는 밀걸레를 들고 와서 교실 바닥을 닦는다. 바닥 닦기를 마친 후 이번엔 빗자루를 들고 쓴다. 그때 남학생 한 명이 같이 쓴다.

아주즈는 운동장에서 남학생 여섯 명과 3:3으로 편을 나눠 축구를 한다. 아주즈는 다리가 아픈 듯 축구를 하다 계단에서 쉬었다를 반복한다. 그때 마리안과 샤샤가 옷을 다 차려입고 학교 선생님과 함께 운동장을 가로질러 교문 밖으로 나간다. 키가 작은 어린 여자애 둘이 마리안에게 아는 체를 하면서 마리안의 손을 잡고 한참 따라간다. 지영이도 남학생 한명과 같이 운동장에 나와 계단 근처에서 논다.

[장면 6] 방과 후에 지영이가 다른 여학생 네 명과 함께 교실을

청소한다. 지영이는 오늘 청소 당번이 아니다. 다른 친구네 집에 놀러가기로 해서 기다리는 동안 같이 청소를 하는 것이다. 청소하던 여학생들이 새롬이에 대한 불만을 선생님께 말씀드린다. 선생님께서 "새롬이는 우리가 좀 이해해주자"라고 말씀하신다.

2) 아주즈의 이야기

아주즈는 같은 반 석현이와 친하다. 엄마끼리 친해서 석현이와 친해지게 되었다. 석현이랑은 학원도 매일 같이 다닌다. 돈도 잘 빌려주고, 집에서 같이 자고, 게임도 같이 한다.

아주즈는 운동을 잘한다. 지금도 축구와 수영 학원을 다닌다. 수영이 제일 자신 있다. 수영은 양팔 접영까지 배웠다. 접영은 좀 힘들지만 속도가 빠르다. 빠르기로 말하면 자유형이 가장 빠르고, 그다음 접영, 평영, 배영 순이다. 수영장 갈 때는 엄마랑 동생이랑 함께 간다. 엄마는 접영을 하다 허리를 다쳐서 그만두셨다. 아주즈도 접영을 하다 부상을 입어서 한 달 동안 운동을 쉰 적이 있다.

동생은 아람초등학교 1학년이다. 아주즈와 동생은 파키스탄 이름을 사용한다. 이름은 아빠가 지어주셨다. 파키스탄에 있는 집은 넓고, 할아버지와 증조할아버지도 계시고, 삼촌들이 친절하게 대해준다. 아주즈는 파키스탄에 네 살, 여섯 살, 여덟 살 때 가보았다. 2년에 한 번씩 간다. 파키스탄에 계신 분들은 아주즈와 닮았다. 코가 크고, 귀가 크다. 얼굴이 거의 비슷하다. 자신과 닮은 친척들을 만났을 때 처음에는 부끄러웠는데 계속 만나다 보니 재미있었다. 파키스탄에 계신 분들과 이야기할 때는 아빠가 번역해주신다. 아주즈도 파키스 탄 말을 조금은 할 줄 안다. 예를 들어, '앗쌀라 말라쿰'은 '안녕하세 요?'라는 뜻이다. 쓸 줄은 모른다. 파키스탄 말을 들으면 좀 말이 어 렵지만 배우다 보면 쉽다. 아빠가 일주일에 두 번 삼십 분씩 밤에 파키스탄 말을 가르쳐주신다.

아빠는 파키스탄 가면 좋다고 자꾸 파키스탄에 가라고 하신다. 아 주즈는 나중에 커서 파키스탄에서 살고 싶은 생각은 별로 없다. 엄마 가 간다면 갈 생각이다. 엄마는 나중에 할머니가 되면 가겠다고 하신 다. 아주즈도 그때 따라가려고 한다.

아주즈는 아빠도 좋고 엄마도 좋다. 엄마는 칭찬을 많이 해주신다. 예를 들어, 시험 백 점 맞으면 키스해주며 잘했다고 칭찬하신다. 또 심부름을 하거나, 말 잘 듣고, 자기 할 일을 빠르게 하면 칭찬해주신 다. 맛있는 것도 해주신다. 아빠는 아주즈와 잘 놀아주신다. 아빠는 야구할 때 멀리 날리면 칭찬해주신다. 아빠가 집에 일곱 시나 여덟 시쯤 들어오시면 놀이터에 가서 매일 논다. 또 집에서 로봇 놀이도 같이 한다.

학교 공부 중에 제일 자신 있는 것은 수학이다. 수학은 절대 어렵 지 않다. 더하고 곱하는 게 재미있다. 과학도 꽤 재미있다. 다른 시간 에는 좀 재미없다가도 과학이나 수학 시간 되면 재밌어진다. 또 음악 은 리코더를 학원에서 배워서 쉽다. 피아노는 지금도 배우고 있다. 학교 끝나면 학교 바로 앞에 있는 피아노 학원에 가서 피아노 치고, 그 다음 영어 학원에 간다. 그 다음 화, 목, 토는 수영을 가고, 월, 수, 금은 검도를 다닌다. 그리고 나서 집에 가면 일곱 시쯤 된다. 힘들지는 않다. 재미있다. 그런데 검도는 좀 재미가 없다. 엄마가 정신 집중에 도움이 된다고 해서 다니고 있다. 뭘 배울지는 엄마가 주로 결정하시지만, 축구는 아주즈가 배우고 싶다고 졸라서 배우고 있다. 축구는 매주 토요일에 문화센터에서 배운다. 공부학원은 영어 학원 한 군데만 다닌다. 공부를 더 하고 싶다. 그래야 머리도 좋아지고 시험 점수 잘 받아서 엄마에게 칭찬받을 수 있다.

나중에 공부 잘해서 과학자가 되고 싶다. 과학자는 실험을 하는 사람이다. 아주즈는 하늘을 나는 실험을 하고 싶다. 엄마는 딱히 뭘 하라고 말씀하시지 않는다. 자기가 되고 싶은 것이 되라고 하신다. 아빠는 운동선수가 되라고 하신다. 나중에 과학자가 되려면 수학과 과학을 잘해야 한다. 물론 다른 것도 잘해야 한다. 아주즈는 공부를 잘하는 편이다. 반에서 세 번째로 잘한다. 그래도 아주즈보다 잘하는 친구들을 보면 따라잡고 싶다. 며칠 전 영어 인증 시험에서는 1등을 해서 친구들을 따라잡아 본 적이 있다. 그때 자신이 자랑스럽게 느껴졌다. 애들보다 영어를 잘해서 뿌듯했다. 시험을 잘 보기 위해 노력을 많이 했다. 영어 학원도 빠짐없이 다니고, 영어 숙제를 한 번도 안 빠지고 했다. 게임도 하고 싶지만 엄마가 학업성취도 평가가 있으니 일주일 동안 공부하라고 하셨다. 엄마 말씀이 맞다. 숙제를 다 하고 놀면 된다. 엄마는 숙제를 다 하고 놀면 더 놀게 해주신다.

아주즈의 집은 학교에서 가깝다. 뛰면 3분, 걸어도 5분이면 간다. 집에 갔을 때 엄마가 없어서 혼자 집에 있을 때가 제일 속상하다. 엄마와 아빠가 집에 다 계실 때가 제일 행복하다. 최근에는 한강에 가서 온 가족이 함께 인라인 스케이트를 타고 놀았다. 학교는 동생과 함께 간다. 동생은 떼를 많이 쓴다. 게임을 좀 적게 했다고 생각하면 더 하게 해달라고 떼를 쓴다. 그럴 때는 좀 짜증난다. 그래도 동생은 말을 조금 잘 듣는 편이다.

아주즈는 같은 반 친구들과 비교했을 때 '혼혈인'이라는 점이 다르다. 혼혈인이란 '한 명은 한국인, 한 명은 외국인인 사람'이다. 그 말은 엄마가 가르쳐주셨다. 엄마는 혼혈인이 아빠 반, 엄마 반으로 태어나서 머리가 좋다고 하셨다. 그 얘기를 듣고 아주즈는 기분이 좋았다. 실제로 머리가 조금 좋은 것 같다. 또 아주즈는 혼혈인이라서 한국어와 외국어를 둘 다 잘한다. 외국인은 외국어를 잘하고, 한국인은 한국어를 잘하지만 혼혈인은 둘 다 잘한다는 점이 다르다.

아람초등학교에서는 서지영, 샤샤, 마리안이 아주즈와 비슷하다. 그 친구들을 보면 더 친한 느낌이 든다. 다 같이 다문화인 가정이라서 친구가 되었다. 다문화는 아주즈도 처음엔 몰랐지만 혼혈인 행사 같은 거다. 샤샤는 엄마, 아빠 둘 다 외국인이지만 한국 학교를 다녀서 다문화를 같이 한다. 다문화 친구들은 행사 때 같이 모인다. 행사 때는 즐거운 놀이도 하고 현장 체험도 한다. 다문화 행사가 있을 때는 아빠는 바빠서 못가고 엄마랑 동생이랑 같이 간다. 다문화 행사에 갈 때 다른 친구들이 '넌 참 좋겠다, 즐거운 놀이도 하고'라고 말한다. 거기가면 도자기 체험도 하고 신난다.

아주즈의 성격은 다른 사람이 욕해도 하지 말라고 말하면서 넘어간다. "야, 이 밥팅아." 이런 욕을 들어본 적 있다. 아주즈가 상장 받을 때 친구들이 샘나서 그런 것 같다. 아직 별명은 없다. 만약 별명이 생긴다면 '문처럼 닮은 네모'가 좋을 것 같다. 직각이 단순해서 그냥 좋아 보인다.

아주즈는 아빠, 엄마, 동생과 함께 매주 금요일이나 일요일에 라마단(이슬람 성원)에 간다. 이슬람이란 말도 들어보긴 했는데, 뜻은 잘 모른다. 라마단이랑 똑같은 거 같다. 라마단은 한 곳에 큰 기도원을 세워놓고, 외국인 사람들이 모여서 기도하는 곳이다. 거기 가서 아주즈와 가족들은 하느님께 기도를 한다. 이슬람 사원에 가서 사람들과 같이 예배드리면 즐겁다. 예배가 끝나면 아저씨들이 빵이랑 우유를 나눠준다. 또 어떤 아저씨들은 양고기를 판다. 양고기는 맛있다. 대신 돼지고기는 안 먹는다. 아빠가 그러시는데 더럽다고 안 먹는 것이다. 아주즈는 아직 한 번도 돼지고기를 먹어보지 않았다. 엄마는 처음에는 먹었지만 아빠를 만나고 난 다음부터는 안 먹었다. 학교 급식에서 돼지고기가 나올 때는 빼고 먹는다. 먹고 싶긴 하지만 먹으면 안 된다. 한번 먹어볼 생각도 없다.

아주즈는 자기 종교를 다른 친구들에게 얘기해본 적이 없다. 애들이 별로 재미있어 할 것 같지 않다. 친구들 중에 석현이는 이슬람 사원에 같이 가고 싶다고 해서 석현이 아빠와 함께 일요일 날 따라간 적이 있다. 갔다 와서 학교 앞 문구점에서 놀았는데, 석현이는 이슬람이 재미있다고 했다. 석현이랑 같이 가서 즐거웠다.

3) 서지영의 이야기

지영이는 책보기를 좋아한다. 특히 90페이지 정도의 소설책을 좋아한다. 요즘에는 서유기나 바보 이반을 읽고 있다. 바보 이반은 이반이라는 셋째 아들을 마을 사람들이 바보라고 놀렸는데 어쩌다가

왕이 되어 착한 사람들과 함께 살아가는 이야기이다. 지영이는 일곱 살 때부터 책보는 것을 좋아했다. 아빠는 중학생 되면 못 읽는다면서 책을 자주 사주셨다. 아빠가 사주신 책을 골라 읽다보니 재미있어서 계속 보다가 책읽기를 좋아하게 되었다. 책은 지영이가 부탁하면 아빠가 서점에 가서 사오시거나 엄마가 인터넷으로 주문해주신다.

아빠가 가장 좋을 때는 지영이가 상을 타거나 백점을 맞았을 때 피자나 치킨을 사주시거나 잘했다고 칭찬해주실 때다. 아빠는 지영이가 시험 점수 잘 맞았을 때, 장난치지 않고 동생보다 뭘 훌륭하게 했을 때 칭찬하신다. 아빠는 지영이에게 훌륭한 사람이 되라고 말씀하신다. 예를 들면, 의사가 돼서 아픈 사람을 위해 무료로 치료해주고, 불쌍한 사람들, 거지같은 사람들을 도와주라고 말씀하신다. 엄마는 학교 선생님이 되라고 하신다. 지영이는 다른 사람을 치료해주는 의사 선생님이 더 좋다. 지영이도 여름방학 때 장염에 걸렸을 때 의사 선생님이 치료해주셨다.

지영이가 아플 때는 엄마, 할머니, 동생, 아빠, 가족 전체가 돌봐준다. 할머니는 약을 갖다 주고 물을 먹여주시고, 동생은 이불을 깔고 누우라고 한다. 엄마, 아빠는 약값을 내주시고 돈을 내서 입원하기도 한다. 여동생은 일곱 살인데, 목욕할 때 자꾸 말을 거는 수다쟁이다. 유치원에 다니는 동생은 유치원 선생님이 되고 싶어 한다.

아침에는 엄마가 깨워주신다. 엄마랑 할머니랑 밥을 먹고 8시에 집에서 나온다. 엄마와 아빠는 회사에 다니신다. 아빠는 신문사에서 일하시는데 하는 일은 정확히 모른다. 엄마는 일본을 친절하게 대하는 회사에 다니신다. 엄마가 일본 사람이기 때문이다.

지영이는 일본에서 태어난 지 몇 개월 만에 한국으로 왔다. 지영이는 일본과 한국 국적 두 개를 가지고 있다. 국적이 두 개인 것은 좋다. 일본이랑도 가까이 친할 수 있고, 한국이랑도 가까이 친할 수 있기 때문이다. '나는 국적이 두 개나 있다. 너희는 한국밖에 없지? 나는 일본, 한국 다 있다. 너네는 그런 거 없지?' 이렇게 친구들에게 자랑할 수 있을 것 같다. 실제로 유치원 다닐 때 그렇게 말해본 적이 있다. 그랬더니 친구들은 하나도 안 부럽다고 했다.

아빠는 일본이 좋다고 하셨다. 일본은 뭔가 특별하다. 일본말은 한자로 되어 있다. 우리말은 한자로 되어 있지 않다. 일본은 한자도 사용하고 일본말도 사용한다. 일본어는 가타가나도 있고 히라가나도 있다. 똑같은 말인데 글자가 다르니까 일본이 좋다. 아빠가 그렇게 말씀하셨다. 엄마는 한국은 좋지만 '까'와 같은 한국말을 하는 게 좀 불편하다고 하셨다. 엄마는 받침이 있는 말을 잘 못하신다. 엄마가 한국어 발음을 잘 못하는 걸 들으면 지영이는 엄마가 못하니까 나라도 한국말을 잘 해야겠다고 생각한다. 지영이가 한국말을 더 잘해야 엄마가 한국말을 더 잘 알 수 있을 것 같다.

지영이는 일본말을 아직은 조금밖에 못한다. 이번 겨울 방학 때 외할머니가 계시는 일본에 가서 일본 말을 더 배우려고 한다. 2학년 겨울 방학 때부터 외할머니 댁에서 일본어 공부를 시작했다. 일본어는 외할머니가 가르쳐주신다. 외할머니는 한국말을 할 줄 모르신다. 한국에 오시면 엄마께서 통역해주시거나 지영이가 그림을 그려서 통역한다. 외할머니댁에 가면 화이트보드 판이 붙어 있다. 거기에 지영이가 그림을 그리면 할머니가 이해하고 일본말을 알려주신다.

외할머니를 만나면 기쁘고 좋은 느낌이 든다. 외할머니는 지영이가 해달라는 거 만날 해주시고 친절하시다. 친할머니는 뭐 하라고 빽빽 소리만 지르신다. 외할머니는 아무 소리 안 하시고 "뭐 해줄까? 지영아, 조금만 공부하렴." 이렇게 말씀해주신다. 일본에 가면 외할머니 말고 친척 언니들이나 오빠들, 일본 친구들과 선생님을 만날 수 있다. 서로 말이 안 통할 때는 별로 없지만, 그럴 때는 다른 말로 한다.

지영이는 일본에 있을 때가 더 좋다. 일본은 보일러가 없지만 따뜻하고 마음이 편하다. 한국에서 지내면 뭔가 허겁지겁 해야 되고 힘들다. 할머니, 엄마, 아빠가 시키는 게 많다. 공부도 많이 해야 되고 시험 준비도 많이 해야 된다. 또 친구들이랑 사이좋게 지내야 된다. 할 일이 너무 많다.

친구들은 지영이가 친하게 지내려고 하면 매일 자기 마음대로 하려고 한다. 친구들하고 잘 지내려면 자기 마음대로 하지 않고, 마음으로 생각해보아야 한다. 그래야 더 사이좋게 지내고 친하게 지낼 수 있다. 지영이 친구들 중에는 같은 반에 있는 김수진이 그런 친구다. 다른 반에 있는 박승아도 그렇다. 승아는 일곱 살에 이 동네에 처음 이사 왔을 때 가까운 데 살아서 친해졌다. 승아가 지영이에게 "넌 누구야?" 해서 "난 지영이야" 한 다음 친구가 됐다.

그래도 제일 친한 친구는 김수연이다. 한 살 때부터 교회에 다녔는데 거기서 맨 처음 만난 친구다. 지금은 다른 초등학교에 다녀서 자주 만나지는 못하지만 일요일마다 교회에 나가면 만날 수 있다. 수연이도 엄마가 일본 사람이다. 수연이는 매일 잘 지내느냐고 전화한다. 수연이는 지영이처럼 서로를 위하는 마음을 가지고 있다.

지영이가 다니는 교회에는 일본분들이 많다. 지영이는 잘 이해하지 못하지만 지영이가 다니는 교회에는 참부모님이라는 분이 계신다. 부모님은 참부모님을 존경하신다. 교회 이야기를 친구들에게 얘기하지는 않는다. 교회 이야기를 하면 친구들이 '참부모님은 뭐냐? 예수님은 뭐냐?'고 자꾸 물어볼 수 있기 때문이다. 또 하나님을 믿지 않는 애들도 있으니까 교회 이야기는 하지 않는다. 초등학교 1학년 때 한두 번 정도 이야기를 해본 적이 있었다. 그때 애들이 "참부모님은 무슨 분이냐?"고 물어봐서 지영이가 참부모님의 이름을 말하자 애들이 깔깔 웃었다. 애들은 아무것도 모르니까 복잡해서 설명할 수가 없다. 애들이 웃을 때 좀 복잡하고 뭔가 이상한 느낌이 들었다. 친구들이 질문하는데 대답하기가 힘들었다. 그래서 '너희들은 알고 싶은 게 너무 많나 보다'라고 생각했다. 참부모님을 믿지 않고 다른 것을 믿는 사람들은 그냥 놔두는 게 좋을 것 같다. 자기 종교는 자기가 알아서 하는 것이다. 하나님 믿는 사람은 하나님대로, 부처님 믿는 사람은 부처님대로. 그렇게 하는 게 좋다. 부모님이 그렇게 말씀하신 것은 아니지만, 지영이 혼자서 그런 생각을 해보았다.

담임선생님은 예쁘고 친절하시다. 지영이가 수학을 잘 못하는데 다시 한 번 소리 내어 가르쳐주신다. '이건 뭐지?' 할 때 선생님이 다 가르쳐주신다. 지금까지 만난 선생님들은 다 친절하셨다. 지영이는 선생님께 칭찬받는 학생이다. 또 친구들과 사이가 좋은 학생이다. 같은 반 남자애들 중에는 간혹 지영이를 괴롭히는 친구도 있다. "지영이 이상해, 너." 지영이가 말을 하면 남자애들이 자꾸 그런다. 또 옆 반 남자애들도 '바보' 하고 놀린다. 남자애들은 다른 여자애들한테도 그렇게 말한다. 그런 말 하는 게 재미있어서 그런 것 같다. "너는 좀 바보 같아." 이런 얘기를 가장 많이 듣는다. 그런 말을 들으면 '내가 더 잘해야겠다'는 생각을 한다. 같은 반 친구들에게 욕먹지 않게 공부를 더 잘해야겠다고 생각한다. 아빠께서도 지영이가 약하니

싸워도 힘드니까 공부를 하는 거밖에 방법이 없다고 말씀하셨다.

지영이는 나중에 크면 프랑스에 가서 살고 싶다. 프랑스는 뭔가 특별한 게 있다는 느낌이다. 프랑스는 음식 맛이 까다롭고 음식 맛을 안다. 국기도 세 개의 색깔이 있어서 신기하다. 프랑스가 어떤 나라인지 더 알아보고 싶다. 나중에 프랑스어를 배우면서 의대를 다니면 좋겠다고 생각한다. 일본 사람과 결혼해서 프랑스에서 살고 싶다. 결혼할 사람은 참부모님이 결정해주신다. 엄마와 아빠도 참부모님이 결정해주셔서 만났다.

지영이는 학교 공부 중에서 수학을 제일 잘한다. 좀 어렵고 틀리기도 하지만, 일본에도 수학이 있고, 수학엔 한자가 있어서 좋다. 지영이는 집에 가면 혼자 공부한다. 학원은 다니지 않는다. 부모님은 아직 어리니까 중학생이 되면 다니라고 하신다.

지영이 집은 50평쯤 되는 단독 주택이다. 주차장도 있다. 차는 없어서 주차장을 다른 사람에게 빌려주었다. 지영이네는 땅도 비싸고 잘사는 집이다. 일본에 있는 외할머니 집보다 크다.

우리 가족들에 대해 자랑하고 싶은 것은 아빠, 엄마가 부자라는 점이다. 예전에 돼지 저금통을 칼로 갈랐다. 저금통이 무겁지 않아서 '웬일일까?' 했는데 아빠가 만 원짜리를 넣어놓으셨다. 저금통에 200만 원이나 들어 있었다. 또 국적이 두 개 있다는 점도 자랑거리다. 엄마, 아빠가 한국 사람이랑 일본 사람이기 때문이다. 또 동생이 있어서 심심하지 않다는 점, 할아버지는 돌아가셨지만 아직도 할머니는 살아 계신다는 점, 일본에도 지영이를 사랑하는 사람들이 참 많다는 점을 자랑하고 싶다. 다만 아빠에게 야단맞지 않게 컴퓨터 게임을 좀 줄여야겠다.

4) 3학년 1반 친구들의 이야기

석현이와 범수는 아주즈와 친하고 게임을 잘한다는 공통점이 있다. 2학년 때 석현이 엄마와 아주즈 엄마가 명예교사로 만나면서부터 친해졌다. 3학년 때는 축구와 수영도 같이 다니고 같은 반이 되어 더 친해졌다. 범수는 아주즈와 여섯 살부터 친했는데 나이가 많아질수록 정이 들고 마음이 통해서 친해졌다. 범수는 아주즈가 4학년 때 친구들에게 맞아서 울 때 달래주기도 하고, 웃기게 만들어주어서 좋다. 석현이는 아주즈와 마음이 통하고 잘 어울리니까 좋다.

수진이와 선미는 지영이와 친하다. 서지영이 수진이의 제일 친한 친구다. 지영이와는 2학년 때 같이 놀다가 친해졌다. 지영이는 재미있고 착하고 공부도 잘한다. 범수는 지영이가 일본 사람이라고 알고 있지만, 선미가 알기로 지영이는 일본에서 태어나서 바로 한국에 와서 컸다. 그러니까 지영이는 한국 사람이다. 엄마는 일본 사람이고 아빠는 한국 사람이라 일본과 한국을 왔다 갔다 하면서 지내니까 애들이 일본 애라고 하는 것이다. 수진이 생각에도 지영이는 한국 사람이다. 석현이 생각에 지영이는 엄마가 일본 사람이고 아빠가 일본 사람이니까 반은 일본인이고 반은 한국인이다. 범수는 지영이가 일본에서 태어나자마자 바로 한국으로 왔는데 어떻게 일본 학교에 대해서 잘 알까 궁금하다.

아주즈도 반은 한국 사람이고 반은 다른 나라 사람이다. 아빠는 파키스탄 사람이고 엄마는 한국 사람이기 때문이다. 파키스탄은 지구본을 돌리면 지구본 위쪽에 있다. 석현이는 궁금해서 지구본에서 파키스탄을 찾아본 적이 있다. 정확히 기억은 안 나는데 인도네시아 근처쯤인 것 같다. 범수가 알기로 파키스탄은 영어를 잘 사용하고 돼지고기를 안 먹는다. 그게 이슬람 교회 규칙이기 때문이다. 이슬람에 대해서는 파키스탄에 다녀오지 않아서 잘 모르지만 공부해보고 싶은 생각은 있다. 이슬람을 믿어보고 싶은 것은 아니다. 그래도 무슨 규칙이 있는지는 알고 싶다. 지금은 돼지고기를 못 먹는다는 규칙만 알고 다른 규칙은 모른다. 돼지고기를 왜 못 먹는지 그 이유도 알고 싶다. 그런 게 궁금한 건 아주즈와 친하기 때문이기도 하다.

석현이는 아주즈와 이슬람 교회를 갔다 왔다. 이슬람 사원은 사람도 별로 없고 아주 넓다. 거기서는 조용히 해야 한다. 거기 가면 사람들이 모자 같은 걸 쓰고 고개를 숙이고 있다. 범수는 금방 쥐가 날 것 같았는데 아주즈는 무릎 꿇고 잘 버텼다. 석현이도 가서 보니 사람들이 이상한 말을 하고 있었다. 사람들은 손을 모으고 갑자기 무슨 말을 하다가 일어나서 머리에 손을 올리고 코를 만지면서 "믿습니다, 아멘." 이러면서 기도를 한다. 석현이가 생각하기에 파키스탄 사람들은 조상들을 좋아하고 잘 섬기는 것 같다.

파키스탄은 케밥이 유명하다. 범수는 동네에서 축제할 때 케밥을 많이 먹어봤다. 케밥은 연한 노란색 밥에다 카레를 넣고 빵에 싸먹는 것이다. 아주 맛있어서 계속 먹는 바람에 고기가 다 떨어졌다. 인도 요리는 원래 수저를 사용하지 않고 크게 찢어서 먹는다. 그래서 치킨도 손으로 뜯어서 먹었다.

석현이도 동네에서 축제를 하면 한 번도 빠지지 않고 참석한다. 범수도 자주 간다. 축제에 가면 지구 전체의 여러 나라 국기를 붙여놓고 그 나라 음식을 판다. 사람들이 바글바글한다. 선미도 축제에

가 보았는데 축제 끝나면 연예인들이 공연도 하고, 무대 위에서 장기 자랑도 하고 파티를 벌인다. 인도 춤도 볼 수 있다. 범수는 축제에 가면 지구에는 많은 인간들이 산다는 것, 많은 나라랑 수만 명의 사람들이 있다는 것을 느낄 수 있다.

우리나라에는 한국인 말고도 미국 사람이나, 일본 사람, 또 딴 나라에서 온 사람들이 같이 살고 있다. 석현이 생각에 우리나라가 유명해져서 외국 사람들이 많이 오는 것 같다. 외국인들이 우리나라에 많이 오기 때문에 우리가 잘못하면 우리를 흉볼 수가 있으니까 조심해야 한다. 그건 좀 나쁜 점이다. 선미가 생각하기에도 점점 다른 나라 사람들이 몰려들어서 우리나라 사람과 인구수가 똑같이 되면 좋지 않은 점이 있다. 우리나라 사람들이 잘못을 하면 처형되거나, 우리나라가 다른 나라 사람들의 것이 될 수 있다. 그래서 선미는 외국 사람들이 더 이상 많이 오지는 않았으면 좋겠다고 생각한다.

아주즈와 지영이는 외국 사람인지 한국 사람인지 모르겠다. 아주즈의 경우, 아빠는 파키스탄 사람이지만 한국에서 산 지 10년이나 됐으니 아주즈는 한국 사람인 것 같다. 지영이도 한국 사람인 것 같다. 지영이는 일본에서 태어났긴 했지만 한국말을 아주 잘한다. 또 애들이 일본 사람이라고 놀리면 자기가 알아서 한국 사람이라고 대답한다. 그걸 보면 지영이는 한국 사람이다.

하지만 아주즈와 지영이랑 마리안과 샤샤는 다르다. 마리안과 샤샤는 분명히 한국 사람이 아니다. 넷 다 그렇게 생각한다. 마리안과 샤샤가 한국 사람이 아닌 데는 여러 가지 이유가 있다. 샤샤는 다섯 살 때 한국에 왔다. 지영이는 일본에서 왔지만 한국 이름인데, 마리안과 샤샤는 이름이 미국식이다. 또 걔들은 피부가 우리처럼 연갈색이나 살색이 아니고 아주 새카맣고 머리도 짧다. 마리안과 샤샤가 한국에서 태어났다고 해도 엄마, 아빠 두 분 다 미국 사람이시니까 미국 사람이다. 한국에서 태어났다고 한국 사람이 되는 것은 아니다. 우리와 아주즈는 티가 안 나지만 샤샤는 뭔가 다른 게 떡하니 보이면서 티가 난다.

범수는 그렇게 티가 나는 사람들을 보면 덜 사귀고 싶다. 석현이와 선미는 오히려 더 사귀고 싶다. 수진이도 그렇다. 다른 나라 사람들과 사귀게 되면 그 나라에 대해 더 알 수 있고 그 나라의 좋은 점이 뭔지, 단점이 뭔지 잘 알면서, 다른 나라를 더 소중하게 여길 수 있다. 그렇지만 샤샤랑 친구가 되고 싶은 생각은 없다. 샤샤는 우리 반에 혼자 들어오고 나쁜 짓을 할 때도 있다. 우리 반이 되고 싶어서 쉬는 시간이나 점심시간에 막 들어와서 애들이랑 논다. 그래서 피해를 준다.

하지만 수진이 생각은 다르다. 샤샤가 우리 반이 되고 싶은 거지 우리 반에 피해를 주고 싶은 것은 아니다. 며칠 전에는 샤샤네 반 애들이 샤샤를 우리 반에 강제로 들어오게 하려고 억지로 밀어 넣었다. 아마 재미로 그런 것 같다. 그 반 아이들은 고약한 장난을 많이 하는 것 같다. 만약 우리가 샤샤였다면 슬픈 느낌이 들고 힘들 것 같다. 수진이가 보기에도 샤샤가 다른 나라 사람이라서 한국에서 애들하고 친해지고 싶은 마음이 있는데, 애들이 일부러 계속 장난을 치면 한국이 나쁘다고 생각할 것 같다.

혼혈인이란 말을 들어본 적이 있다. 수진이는 혼혈인이란 서로 다른 나라 사람들이 만나서 결혼을 해서 애기를 낳으면 혼혈인이다. 즉 서로 다른 게 합쳐진 것이다. 혼혈은 안 좋은 것이다. 같은 나라 사람끼리 결혼해서 아기를 낳으면 같은 나라 사람이라서 아이들이 잘 어울릴 수 있다. 그렇지만 혼혈인이 되면 아이들이 흉보니까 그런 일을 당하는 아이들 입장에서는 기분이 나쁠 것이다.

우리 반에도 아주즈와 지영이가 혼혈인이다. 그런데 아주즈와 지영이는 다른 친구들과 사이좋게 지내고 씩씩하다. 아주즈는 재주가 많고 끼가 많아서 애들이랑 잘 어울린다. 하지만, 지영이는 친한 친구가 수진이와 선미밖에 없다. 지영이는 엉뚱한 생각을 자주 한다. 발표할 때 엉뚱한 얘기를 지어내서 한다. 한번은 신데렐라 얘기를 했다. 신데렐라의 큰 언니가 발이 커서 신발에 발이 안 들어가니까 뒤꿈치를 잘라서 넣었다. 왕자님은 큰 언니가 신데렐라라고 믿어서 큰 언니와 결혼했다. 그런 식이다. 지영이는 애들을 웃기려고 엉뚱한 얘기를 하는 건데 다른 애들은 지영이를 욕한다. 슬비가 그렇다. 슬비는 수진이와 선미에게 매일 지영이와 어울리지 말고 얘기도 하지 말라고 했다. 지영이랑 이야기하면 장애인이 된다는 것이다. 애들이 그러면 지영이 입장에서는 짜증이 날 것 같다.

샤샤가 힘들다는 것은 알지만 석현이와 범수는 샤샤와 친구가 되고 싶은 생각은 없다. 샤샤가 매일 고약한 장난을 하기 때문에 왠지 그게 범수에게 옮을 것 같다. 그게 지영이하고 이야기하면 장애인이 된다는 말과 똑같은 얘기라고 볼 수도 있다. 하지만 지영이는 제대로 이야기하자고 할 수 있지만, 샤샤는 장난이 너무 고약하다. 정말 어려운 문제다.

[샤샤가 마음이 아픈 일이 생기면 샤샤의 친구가 돼 줄 수 있을까?]
석현: 몰라요.

범수: 걔 만날 장난 고약해가지고, 그게 나한테 옮을 거 같아요.

선미: 그건 지영이하고 말하면 장애인 된다는 말하고 똑같은 얘기 아니야?

범수: 그 얘기는 아니지만. 지영이는 그냥 장난으로 하는 거지. 농담 따먹기로 하는 거지만. 걔가 엉뚱한 얘기하면 내가 엉뚱한 얘기하지 말고 제대로 말하자고 하면 되는데. 어쩔 때 보면 걔가 농담으로 하면 나도 같이 농담으로 하는데, 샤샤는 장난도 너무 고약하고 말장난도 너무 심하잖아.

석현: 아~ 모르겠다.

선미: 솔직히 샤샤도 지영이랑 똑같이 하고 싶어서 그럴지도 모르잖아. 그래서 일부러 얘들한테 더 많이 관심을 받고 싶어서 그럴 수도 있잖아.

[좀 어려운 문제 같아?]

범수: 어려운 문제예요.

석현: 어려운 문제예요.

5) 3학년 1반 담임선생님의 이야기

아주즈는 우수한 학생이다. 공부는 5등 안에 들고 학업 면에서 자신감에 넘쳐 있다. 중간고사, 기말고사, 학업성취도 평가, 수행 평가에서 항상 5등 안에 든다. 한자 등 경시대회를 하면 항상 빠지지 않고 상을 받는다. 평소에도 잘한다. 이해하고 받아들이는 것이 굉장히 빠른 편이다. 특히 수학은 굉장히 빠르다. 어떤 때는 수업 내용이 너무 쉽다고 생각해서 집중을 안 하기도 한다. 대신 관심 있는 것에 대해서는 엄청 파는 스타일이다. 특히 실험같이 직접 나서서 해보는 것에 관심이 많다. 글쓰기는 잘하지만 길게 쓰는 것은 싫어한다. 아주즈가 지금처럼만 한다면 항상 상위권에 들 것 같다. 자신이 좋아하는 수학이나 과학 쪽에 관심을 가지면 더 잘할 수 있을 것이다.

아주즈는 리더십도 있고 애들하고도 잘 어울린다. 모둠 활동을 할 때 아는 것이 많아서 제안을 많이 하는 편이다. 친구 관계에서도 아주즈가 주도적으로 나서는 편이다. 친한 친구들이 많아서 3학년 올라올 때 이미 친한 친구들이 많았다. 오히려 굉장히 적극적이고 활동적이어서 친구들하고 트러블이 있을 수 있다. 애들을 놀리거나 너무 앞서나가는 경우가 있다. 예를 들어, 체육 시간에 피구할 때 자신감이 과하면 좀 공격적일 수 있다. 그런 걸 자제하고 친구들을 배려하면 리더십이 잘 키워질 수 있을 것이다.

아주즈는 아빠가 파키스탄 분이신데 엄마를 닮아서 피부가 하얗다. 아주즈는 다른 아이들에 비해 더 하얗고 외모가 잘 생긴 편이다. 1학년에 다니는 아주즈의 남동생은 살짝 까무잡잡한 편이다. 아주즈는 종교가 이슬람교라서 기도하는 기간에는 수업을 일찍 끝내고 조퇴를 한다. 급식 먹을 때는 "이게 돼지고기예요?" 해서 물어보고 돼지고기면 전혀 먹지 않는다. 엄마들이 피자를 보내주실 때도 고기 없는 걸로 달라고 해서 야채 같은 걸로 먹는다. 집에서 어렸을 때부터 교육을 그렇게 받아서 몸에 익은 것 같다.

지영이도 상위권에 속하는 편이다. 아주즈처럼 월등히 잘하는 것은 아니지만 잘하는 편에 속한다. 지영이는 성격이 좀 여린 편이고 아이들을 배려도 잘한다. 예를 들어, 피구할 때도 애들이 공을 달라고 하면 다 준다. 자기는 한 번도 안 하면서도 계속 공을 준다. 그런데 자신이 아이들한테 한 만큼 아이들이 자신에게 잘 안 해주면 속상해한다. 지영이가 항상 웃으면서 얘기를 하니까 지영이를 아는 친구들은 좋아하는데, 남자애들은 간혹 '바보'라고 놀린다. 지영이가 남자애들이 놀려도 '괜찮아' 하고 웃으면서 받아주니까 남자애들이 좀 만만하게 생각하는 것 같다. 여자애들 중에도 남자애들이 괴롭히면 때려주거나 놀리는 경우가 많은데 지영이는 그렇게 하지 않는다. 복도에서 발에 걸려 넘어졌을 때도 '선생님, 누가 이랬어요.' 이렇게 강하게 얘기하지 않는다. '제가 넘어졌는데 좀 아파요.' 이렇게 얘기하고, 항상 다른 애들을 생각해주는 편이다. 그러다보니 애들이 살짝 괴롭히거나 놀림을 받을 때 좀 피해를 입는다는 느낌을 받는다. 그럴 때 "왜 그러는지 이해를 할 수 없어요" 하며 마음의 상처를 받는 수가 있다. 지영이의 마음이 강해지면 좋겠다.

우리 반 남학생들은 지금 전체적으로 장난기가 한창 물이 올라 있는 때다. 누가 딱히 문제를 일으킨다기보다는 다들 장난기가 어느 정도 있어서 친구들과 마찰이 좀 있다. 전반적으로 잘 지내다가도 어느 날 마음이 안 통할 때는 갈등이 생길 수 있다. 어느 날은 심각했다 다음 날은 잘 지내고 한다. 아주즈도 좀 장난꾸러기다.

우리 반의 새롬이는 다운증후군을 앓고 있다. 어떤 수업은 발표도 하고 참여를 하는데 수학은 전혀 이해를 못한다. 생활이나 공부에 어려움이 많아서 친구들이 도와준다. 학생들 중에 자진해서 새롬이와 같이 앉아서 도와주겠다는 학생들이 많다. 이번 달에는 여자애들 3명이 지원해서 한 모둠이 되었다. 새롬이가 같은 반에 있으니 학생들이 장애아를 자연스럽게 받아들인다.

지영이는 수진이나 선미처럼 주로 얌전하고 조용한 애들과 친하게 지낸다. 아주즈는 석현이와 친하다. 엄마들끼리 친해서이다. 아주즈의 엄마는 굉장히 예쁘시다. 아주즈 어머니가 학교에 상담을 오시거나 아주즈에 대해 특별한 부탁을 하신 적은 없다. 오히려 학급에

도움을 주신다. 학기 초에 토요일 날 오셔서 청소를 도와주셨다. 키가 커서 천정에 있는 선풍기를 다 떼서 닦아주셨다. 엄마가 아주즈가 학교 생활하는 것에 대해서 긍정적으로 봐주신다. 아주즈의 엄마는 같은 학년 아이들의 어머니들과 친분 관계가 두텁다. 친한 가정이 넷 있는데 엄마들이 항상 어울리면서 아이들도 같이 어울린다. 친구들이 다 모범생이고 공부도 잘하고 운동도 잘한다. 어머니의 인간관계가 워낙 넓고 친밀하다 보니 아이들도 별달리 놀림 같은 것을 안 받을 것 같다.

지영이의 어머니도 운동회 때 오셨다. 말씀을 잘하셔서 의사소통이 잘 된다. 가끔 편지 같은 글을 보내실 때도 철자 틀리지 않게 깍듯이 바르게 써주신다. 말씀하실 때 태도가 공손하고 예의바르시다. 상대방에 대해 항상 배려하시면서 말씀하시고 항상 밝게 웃고 친절하시다. 엄마의 느낌이 지영이에게 그대로 다 나타난다. 아주즈와 지영이네 가정은 애들이 학교에서 활동하는 것에 관심을 갖고, 호의적이시고 도움이 필요할 때는 언제든지 도움을 줄 마음을 가지고 계신다.

아주즈와 지영이가 다문화가정이라고 크게 힘들지는 않다. 단지 엄마가 일본 사람, 아빠가 파키스탄 사람인 것이다. 그런 부분이 감춰야 할 부분이라거나 남과 달라서 부끄럽다거나 전혀 그렇게 생각하지 않는다. 국어 시간에 다른 나라에 편지를 쓴다거나, 내가 갔던 여행지 중에서 제일 좋았던 곳에 대한 내용들이 나온다. 지영이는 다른 나라에 대해 발표할 때도 일본에 갔다 온 이야기, 어렸을 때 살았던 이야기, 엄마랑 어디 간 이야기를 잘 발표한다. 아주즈도 파키스탄에서 살았던 이야기, 어렸을 때 살았던 이야기를 잘한다.

다문화가정 아이들이 아주즈와 지영이처럼 다 잘 지내는 것은 아니다. 1학년 때 담임을 했던 한우리는 잘 지내지 못했다. 급식실에서 위 학년 학생들이 백인처럼 생긴 외모를 가지고 놀리면 절대 참지 않고 말싸움을 했다. 좀 많이 울기도 했다. 부모님도 학교에 항의 전화를 하신 적이 많다. 또 옆 반 샤샤는 장난기가 꽤 심하다고 들었다. 샤샤가 친구들을 많이 놀려서 친구들과 다툼이 있다고 들었다.

6) 4학년이 된 아주즈의 이야기

아주즈는 무릎을 꿇고 앉아 있다. 그건 누구한테 배운 게 아니라, 어른 앞에 앉을 때는 무릎 꿇고 앉는 게 예의라고 책에서 읽었다. 아주즈는 책을 많이 읽는다. 하루에 3권 정도 본다. 동화책이나 이야기책을 좋아한다. 최근에 본 책 중에는 '소쩍새와 까마귀'가 재미있었다. 총 여덟 편의 이야기로 나눠져 있는데, 그 중에는 '호랑이를 기르는 총각'이 재미있었다. 옛날에 원지기 총각이 살았다. 원지기 총각은 산에서 주막을 하는 청년이다. 어느 날 스님이 와서 '오늘 밤 호랑이가 나타나서 당신 어머니를 해칠 것이야'라고 말했다. 어떻게 하면 호랑이를 없앨 수 있냐고 물으니, 스님이 팥을 쑤어서 놓으라고 했다. 팥을 쑤어서 놓았더니 밤에 보니 호랑이가 팥을 먹고 있었다. 호랑이가 다 먹고 갔는데, 나중에 원지기 총각이 호랑이를 강아지처럼 길렀다. 그 이야기에서 호랑이를 가축처럼 기르는 게 재밌었다. 아주즈도 캥거루를 집에서 키워보고 싶다.

아주즈의 집은 단독 주택인데 꽤 넓다. 방이 다섯 개다. 방이 많지는 않다. 그 방에서 아빠랑, 엄마랑, 동생이랑 산다. 아주즈는 동생과 큰 방을 같이 쓴다. 아주즈 방에는 컴퓨터, 침대, 동화책이 있다. 엄마 방에는 침대, 컴퓨터, 작업실, 옷장이 있다. 아빠 방에는 옷장, 소파, 옷 거는 데가 있다. 화장실에는 욕실, 세면도구, 세숫대야, 변기가 있다. 남은 방은 부엌과 마당이다. 엄마는 아빠가 하는 일을 정리하신다. 계산하거나 이메일이나 서류를 보낸다. 엄마는 아빠 도와주시느라 바쁘시다. 아빠는 옷감을 팔고 손님과 만나서 얘기한다. 손님 만날 땐 아빠는 파키스탄어를 쓰신다. 아주즈는 파키스탄 말을 잘 모른다. 인사는 "앗살라 말라쿰"이다. 나머지는 잘 모른다. 파키스탄에 가면 집에서 배우는데 다 까먹는다. 파키스탄 집은 3층인데 비행기에서 내려서 앞으로 쭉 가면 나온다. 온 가족이 모두 2년에 한 번, 겨울 방학에 가서 한 달 정도 있다 온다.

최근에 엄마, 아빠와 함께 배드민턴 대회에 나갔다. 처음에는 엄마랑 같이 나가서 졌다. 두 번째는 아빠랑 같이 나가서 이겼다. 세 번째는 아빠가 단식 경기를 해서 이겼고, 그 다음에는 졌다. 상장도 받고 치약 상품도 받았다. 아빠는 옛날부터 배드민턴을 잘하신다. 아빠는 엄마랑 결혼하고 한국에 오셨다. 아주즈는 한국에서 태어났다.

장래 희망은 과학자다. 아인슈타인처럼 뭐든지 다 아는 과학자가 되고 싶다. 그러면 뭐든지 다 알 수 있다. 태양이 어떻게 생겼는지 궁금하다. 태양에 가보고 싶다. 나중에 잘하면 갈 수 있다. 교실 뒤편 게시판에 있는 '꿈이 자라는 나무'에서 '대학에 가서 수행해서 신이 되기'라고 썼는데 그건 그냥 상상을 해본 거다. 그때 말하는 신은 '공부 신', 힘이 제일 센 '힘 신'이다. 신은 사람인데 아이큐가 높다든지, 무슨 힘을 가진 사람이다. 공부 신이 되면 공부를 잘해서 대학도 잘 가고 매일 시험도 백 점 맞을 수 있다. 신이라는 단어는 그리스 · 로마 신화에서 제일 많이 듣는다. 거기에 나오는 신들은 태양, 하늘을 지배하는 신이다. 그중에서 아주즈는 힘이 센 신이 되고 싶다. 그래서 나쁜 사람을 때려준다. 사람의 돈을 빼앗고 사람을 죽이는 그런 사람이 나쁜 사람이다. 나쁜 일을 당해본 적은 없다.

엄마, 아빠는 아주즈에게 공부를 하라거나, 아니면 잘했다는 말씀을 많이 해주신다. 심부름을 하거나 공부를 다 했다거나 효도를 하면 잘했다고 하신다. 효도할 때는 마사지도 해주고 설거지도 한다. 꿈이 과학자라서 공부를 잘해야 한다. 대학도 가야 한다. 4학년이 되어서 힘들거나 마음이 불편하거나 괴로운 일은 별로 없다. 사회가 좀 귀찮다. 어렵다. '지방 자치 단체가 하는 일'이 좀 어렵다.

우리 동네는 별 특징이 없다. 별로 다른 점이 없다. 한국은 철강을 수출하고 철광석을 수입하는 특징이 있다. 철광석은 쇠와 돌이 같이 섞여서 나온 거고 철강은 쇠를 분리해서 파는 거다. 또 한국은 산이 많아서, 등산을 많이 할 수 있어서 좋다. 일주일에 한번, 아빠랑, 엄마랑, 동생이랑 다 같이 등산을 한다. 동네 산에 가면 높고 휴식터도 많아서 좋다. 등산 갔다 와서는 TV 보거나 고기를 구워 먹는다. 소고기를 좋아한다. 어차피 소고기밖에 못 먹는다. 돼지고기는 먹으면 안 된다. 닭고기나 양고기는 먹어도 된다.

돼지고기만 안 되는 이유는 종교 때문이다. 아주즈의 종교는 이슬람이다. 이슬람은 돼지고기 안 먹고 담배를 안 피운다. 술도 안 마신다. 아빠가 그렇게 하신다. 좋은 종교다. 아주즈가 이슬람을 믿는 것은 친구들도 안다. 이슬람 행사 때는 학교 빼먹고 간다. 행사는 다섯 달에 한 번 이슬람 사원에서 한다. 행사의 명칭은 '이드'다. 뜻은 잘 모르는데 소를 죽여서 구워서 먹는 거다. 라마단과는 다르다. 라마단은 여섯 시까지 안 먹는 거다. 또 이드에 가면 어른들이 축제를 잘 즐기라면서 돈을 나눠준다. 여기가면 친척도 만나고 아는 삼촌도 만난다. 여기에는 혼혈인이나 (성당에서) 기도를 못하는 사람들이 온다. 이슬람 성원에 오는 사람들은 거의 아빠가 외국인이고 엄마는 한국인이다. 우리 반 친구들과는 다르다.

혼혈인은 아빠나 엄마가 외국인이어서, 외국인이랑 한국인이 결혼한 것이다. 혼혈인은 학교에 혼혈인 행사가 있는데 놀러가서 좋다. 혼혈이라서 불편한 점은 때때로 애들이 아빠가 외국인이라고 놀린다는 점이다. 또 "아빠가 무슨 종교니?" 이렇게 놀린다. 대답했는데도 계속 물어본다. 그러면 좀 화난다. 아빠가 외국인이라고 놀려서. 그런 애들한테는 '우리 아빠는 만날 밤에 놀아준다'고 말해주고 싶다.

아주즈는 한국말을 잘하니까 한국인이다. 또 한국인이 되려면 한글을 잘 써야 되고, 뜻을 잘 알아야 하고, 말 하는 걸 잘 해야 한다. 그러니 아주즈는 당연히 한국인이다. 우리나라에 외국인이 점점 많아지는 것은 좋은 일이다. 관광객이 늘어나고 우리나라 산이 유명해진다. 우리나라의 자연환경이 생태계가 파괴되지 않게 발전했으면 좋겠다. 아주즈는 한국에서 계속 살 생각이다. 다른 나라는 다 안좋다. 말을 못 알아들어서. 한국말 말고 잘할 줄 아는 말이 없다. 영어 공부를 하지만 한국말만큼 잘하지는 못한다.

학교 끝나면 수영, 검도, 농구를 배운다. 그 중에서 농구가 제일 좋다. 시합할 때 재미있다. 검도는 기합 넣으면서 세게 한다. 공부 학원은 안 다닌다. 피아노와 영어는 다니다 그만 뒀다. 우리 집 형편은 돈도 적당하고 크게 어려움 없이 산다.

다문화교육이란 말을 들어 본 적 있다. 다문화 행사 때 놀러 가서 지도사 선생님께 배우는 것이다. 무슨 뜻인지는 모른다. 거기서 한국 식물, 전통 놀이, 춤을 가르쳐준다. 재미있다. 다문화교육은 다른 학교 '다문화들'이랑 우리 학교 다문화들이 받는다. 주리아, 주리아 동생, 내 동생이 다문화다. 혼혈인이 다문화다. 마리안과 샤샤도 다문화다. 마리안과 샤샤는 혼혈인은 아니고 외국인이지만 한국말을 해서 다문화에 다닌다. 샤샤와는 친하다. 샤샤는 키가 크고 달리기가 빠르고 (머리가) 빡빡이다. 장난꾸러기라서 친구나 선생님께 사랑받지는 않는다. 같은 반이 아니라서 잘 모른다.

아주즈는 고민 있으면 혼자서 해결한다. 화풀이 게임 같은 걸 한다. 화날 때나 넘어졌을 때, 또 장난쳐서 혼났을 때 화풀이 게임을 한다. 오늘은 화난 적 없다. 오늘은 친구랑 장난치다 눈을 다쳐서 양호실 갔다. 선생님께서 그것 때문에 화가 나시지는 않았다. 선생님은 별로 칭찬을 안 하신다. 야단을 치실 때도 있다. 교과서 다른 쪽을 너무 많이 했다고 야단맞은 적이 있다.

7) 4학년 2반 친구들의 이야기

(1) 김지연의 이야기

지연이는 체육, 미술, 음악을 좋아한다. 만들기를 잘하고 좋아한다.

역사는 너무 지루해서 제일 싫어한다. 영어는 잘 못해서 학원을 다니며 공부한다. 학교 마치면 보습학원을 다닌다. 공부가 어려울 땐 혼자 하거나 보습 학원 선생님과 같이 한다. 일주일에 두 번 집에서 피아노를 배운다. 8살 때부터 배웠는데 지금은 체르니 30을 치고 있다. 음식은 오므라이스나 돈가스를 좋아하지만, 고추, 양파는 싫어한다. 장래 희망은 화가다. 아빠는 판사가 되라고 하시고 엄마는 원하는 게 되라고 하신다. 화가가 되기 위해 열심히 공부를 해야 한다. 또 다른 나라에서는 미술을 어떻게 하는지도 공부해야 한다. 집에 가면 주로 TV를 보거나 동생들이랑 같이 논다. 남동생, 여동생이 한 명씩 있다. 엄마, 아빠 두 분 다 직장을 다니셔서 집에 늦게 들어오신다.

반에서 친한 친구는 임지현과 박선미다. 싫어하는 친구는 이보라다. 보라는 친구들이랑 있을 때 귀여운 척하고 예쁜 척해서 친구들이 싫어한다. 드러내놓고 왕따를 시키지 않고 같이 지내기는 하지만 잘난 척하고 투덜투덜 댄다고 뒷말을 한다. 여자애들은 보통 남자애들을 싫어한다. 남자애들 중에 폭력성도 없고 욕도 별로 안 하는 애들은 좋아한다. 우리 반에는 새롬이가 좀 독특한 아이다. 새롬이는 머리가 약간 아픈 친구다. 새롬이와는 3학년 때도 같은 반이어서 도와준 적이 있다. 친구들이 새롬이를 괜히 놀리거나 그렇지는 않다.

우리나라에 외국인들이 점점 많아지는 것은 괜찮다고 생각한다. 지연이가 사는 곳에서는 외국인들을 자주 볼 수 있다. 외국인 여자분들은 머리가 금발이나 갈색이다. 그분들은 한국에서 사는 것을 힘들어 하진 않고 편하게 지내는 것 같다. 몸이 큰 남자 외국인들은 좀 무섭기도 하다. 지연이가 다니는 화방에도 레이첼이라는 외국인이 한 명 있다. 지연이와 나이가 같은데 키가 아주 크다. 방학 때 같이 배워서 지금은 많이 친해졌다. 레이첼은 한국말도 잘한다.

우리 학교에도 샤샤라는 외국인이 있다. 샤샤는 흑인이고 피부가 검다. 머리가 곱슬곱슬하고 아주 짧다. 달리기를 아주 잘한다. 남자애들은 샤샤를 좋아하는 것 같다. 여자애들은 별로 관심이 없다. 지연이도 샤샤를 싫어하지는 않지만 친하게 지내기는 좀 그렇다. 샤샤는 우리들과 다른 것 같다. 피부색이나 하는 행동이 다르다. 예를 들어, 달리기를 더 잘한다. 그런 게 좀 다른 것 같다. 한국말도 잘하는데, 같은 반이 안 돼봐서 그런지 몰라도 별로 친하지는 않다. 레이첼과 샤샤는 다른 점이 있다. 레이첼은 피부 색깔이 하얗고 샤샤는 피부 색깔이 검다. 피부색이 흰 친구하고 검은 친구 중에 흰 친구가 맘에 든다. 이유는 잘 모르지만 그냥 그렇다.

다문화가정이라는 말을 들어본 적은 있지만 무슨 말인지 이해는 안 된다. 외국인 노동자도 잘 모르겠다. 국제결혼이라는 말은 다른 나라 사람하고 우리나라 사람하고 결혼한 것이다. 내가 아는 친구 중에 국제결혼 가정 친구는 없다.

우리 반 교실에서 선생님께 가장 야단을 많이 맞는 애는 아주즈다. 수업시간에 만화책도 보고 장난기가 많기 때문이다. 쉬는 시간에 애들이랑 장난을 하다가 싸우기도 한다. 오늘도 동광이가 아주즈를 때려서 보건실에 갔다 왔다. 아주즈가 맞아서 조금 부었다. 아주즈는 자기가 혼나면 다른 애들도 그랬다고 선생님께 말씀드린다. 아주즈 말고 다른 애들도 다 그렇게 한다. 그러면 선생님은 '나만 잘하면 된다'고 하신다.

아주즈는 다른 나라에서 왔다. 파키스탄, 아니면 우즈베키스탄이다. 그런데 그 나라말은 하나도 못하고 한국말은 아주 잘한다. 아주즈의 아빠가 파키스탄에 계시는데, 아주즈는 왜 파키스탄 말을 못하는지 궁금하다. 아주즈가 파키스탄 사람인지 한국 사람인지는 잘 모르겠다. 엄마가 파키스탄 사람이면 파키스탄 사람 같고, 엄마, 아빠 중 한명이 한국인이거나 두 분 다 한국인이면 한국 사람인 것 같다. 그런데 엄마만 한국인이고, 아빠가 외국인인 경우에는 그 사람을 혼혈인이라고 한다. 혼혈인은 그 나라 사람인지 우리나라 사람인지 잘 모르겠다. 한국인은 피부색이 누런색이고, 한국말을 해야 한다. 아주즈는 한국인 같긴 한데 또 키나 그런 걸 자세히 보면 다른 나라 사람 같기도 하다. 눈동자나 머리 색깔이 좀 다르다. 혼혈인이라는 단어가 기분 나쁜 단어는 아닌 것 같다.

나도 사랑한다면 외국 사람하고 결혼할 수도 있을 것 같다. 부모님께서 허락하실지는 모르겠다. 외국에 나가서 살 가능성은 별로 없을 것 같다. 외국에 가서 살면 그 나라 사람하고 의사소통이 안돼서 힘들 것 같다. 우리나라에 외국인이 많아지고 있는 것이 나쁘다곤 생각하지 않는다. 사람들이 같이 생활하면 그 나라하고 우리나라하고 좀 더 친해질 수 있다.

(2) 박선미의 이야기

선미의 장래 희망은 발레리나다. 어렸을 때 4, 5년 정도 배웠는데 1학년 때 아람초등학교로 전학 온 다음부터는 근처에 학원이 없어서 못 배웠다. 요즘에는 그냥 집에서 TV로 발레 하는 걸 보면서 스트레칭 같은 걸 따라한다. 나중에 안나 파블로바처럼 되고 싶다. 지젤을 좋아한다. 책을 보면 안나 파블로바가 남긴 유명한 발레 공연이 나오는데 그 중에 지젤이 가장 인상적이었다.

우리 반 애들이 아주즈를 다른 나라 사람이라고 오해하지는 않는다. 다만 아주즈가 파키스탄 사람인데 거기는 법이 돼지고기를 먹으면 죽는다고 해서 그걸 안 먹어서 이상하게 생각한다. 다른 건 우리나라 사람하고 다 똑같다고 생각한다. 선미가 생각하기에 아주즈는 한국 사람이다. 한국에서 애들하고 같이 잘 생활하고, 또 애들이 다른 사람이라고 오해하거나 친구가 없는 것도 아니다. 반에서도 친구가 가장 많은 편이다. 공부도 조금 잘한다. 선생님께 칭찬 받은 일은 별로 없다. 애들하고 자주 싸운다. 친구들과 친하긴 한데 친한 애들하고 자주 싸운다. 자기가 잘못한 게 아닌데 딴 애들하고 같이 혼나면 개네들이 지나 갈 때 시비를 걸어서 싸운다. 아주즈는 모든 일에 열심히 하고 노력하는 애다. 공부도 작년에는 평균 70점 정도였는데 이번 시험에서는 반에서 1등을 했다.

우리 동네는 외국인이 많아서 하루에 열 명 정도 볼 수 있다. 외국 사람이 많아서 우리 동네가 발전할 수 있다는 것을 자랑하고 싶다. 외국인들 중에는 미국 사람만 있는 것도 아니고 중국 사람만 있는 것도 아니라서 외국 사람이라도 같은 지구촌 사람인데 생김새가 많이 다르다. 선미는 우리나라 사람처럼 단순하게 생긴 사람이 좋다. 중국 사람들은 복잡하다. 그냥 볼 때는 한국인과 비슷하게 생겼는데 말을 들으면 그 얼굴에 알맞지 않게 이상하게 얘기를 한다. 중국 사람과 말을 하게 될 때가 가장 싫다. 중국 사람들이 지나가다 중국말로 장소를 물어보면 생김새는 똑같은데 중국말로 물어봐서 무슨 말인지 모르니까 헷갈리고 머릿속이 복잡해진다.

외국인이 늘어나면 외국에서 우리나라를 많이 알 수 있어서 좋지만 더 늘어나지 않고 요 정도가 좋다. 우리 동네는 외국 사람이 많아서 안전하지 않다. 뉴스에서 보면 외국 사람들이 우리나라 여자에게 행패를 부린다. 그래서 좀 불안하다.

다문화가정은 들어본 적 없지만, 다문화교육은 들어본 적 있다. 다문화교육은 여러 나라 문화에 대해서 교육받는 거다. 받아본 적은 없다. 여러 나라 문화에 대해 알고 싶을 땐 할머니께 여쭤본다. 할머니는 많은 나라를 다녀오셨다. 거의 스무 나라 정도 다녀오셨다. 그래서 할머니께 여쭤보면 다 아신다. 선미는 아직 비행기를 타본 적은 없다.

아람초등학교에는 아주즈, 샤샤, 마리안 말고 5학년에 미국 언니가 한 명 있다. 마리안과 샤샤는 한국 애들하고 잘 논다. 그렇지만 따돌림도 받는다. 샤샤가 4학년인데 1학년 애들이 교실에 와서 '야!'라고 반말 쓴다. 또 같은 반 애들이 샤샤 때문에 달리기에 1등한 적이 많은데도, 우리 반 계주 선수를 샤샤가 때려서 다쳤다고 해서 우리 반과 그 반 애들이 모두 샤샤를 싫어한다. 샤샤를 놀리는 일도 많고 심한 욕도 한다. 나라나 국적이 다르더라도 같은 반 친구라면 서로 이해해줄 수 있어야 한다. 샤샤를 놀리기 보다는 샤샤가 우리나라를 잘 모르니 애들이 더 잘 해줘야 한다. 하지만, 샤샤가 잘못하는 것도 조금 있다. 애들이 거짓말하는 게 아니라 샤샤가 달리기 할 때 반칙을 써서 일등 하는 경우가 있다. 샤샤가 그러지 않으면 좋겠다. 그렇다고 샤샤를 놀려서는 안 된다. 사실 선미도 샤샤를 놀려봤다. 샤샤와 선미는 같은 교회를 다니고 같은 예배당, 같은 층에서 예배를 한다. 그래서 다른 애들보다 샤샤를 좀 더 잘 안다. 거기서는 남자애들이 여자애들을 놀리고 여자애들은 남자애들을 때린다. 그러다보니 샤샤도 선미를 놀리고 그러다 선미에게 한 대 맞고 그런다.

샤샤의 엄마, 아빠가 어느 나라 분이신 줄은 모르겠다. 그런데 아빠가 중국에서 감옥살이를 하고 있다. 엄마는 한국에 있다. 집에 가까워서 걔네들과 같이 등하교할 때 그런 이야기를 해준다. 샤샤는 선민의 친구인데 그런 얘기를 들으면 좀 속상하다.

(3) 박재원 이야기

재원이는 체육과 수학을 좋아한다. 특히 운동을 잘하고, 축구를 좋아한다. 나중에 축구선수가 되고 싶다. 아빠는 법조인이 되라고 하시고 엄마는 경찰관 되라고 하신다. 축구선수가 되면 사람들 앞에서 끼를 보일 수 있어서 좋다. 축구 선수가 되기 위해 축구도 잘하고 공부도 틈틈이 해야 한다. 대학까지 가야하기 때문이다. 엄마, 아빠는 두 분 다 직장에 다니신다. 재원이는 학교가 끝나면 수학과 영어를 가르치는 학원에 다닌다. 또 태권도 학원도 다닌다.

4학년 2반에는 축구를 잘하는 친구가 인철, 성환, 민수 이렇게 세 명밖에 없다. 나머지는 다 잘 못한다. 같은 반에서 현호와는 사이가 안 좋다. 현호는 이유 없이 갑자기 때린다. 다른 애들도 현호를 싫어하고 같이 안 논다. 용현이도 갑자기 욕하고 때려서 친구들이 같이 잘 안 논다. 용현이도 친구들과 싸워서 선생님께 야단맞을 때가 있다. 발 밟지 말라고 하는데도 애들이 뒤에서 계속 밟아서 싸웠다. 재원이가 먼저 뒤에서 장난칠 때도 있다. 그러면 선생님께서 속상하다고 하신다. 오늘도 아주즈와 동광이가 싸워서 선생님께서 속상하셨다. 새로 나온 만화책이 있는데, 동광이 다음에 아주즈가 볼 차례였다. 그런데 동광이가 선생님께 만화책을 빼앗기자 아주즈가 짜증나서 동광이를 때렸다. 평소에도 아주즈는 욕을 좀 하고, 동광이는 애들을 좀 못살게 군다.

우리 동네에는 외국인이 많다. 지나다니다가 자주 볼 수 있다. 재원이가 보는 외국인들은 흑인이거나 늙은 백인이다. 흑인을 보면 말하는 건 착해 보이는데 얼굴을 보면 무섭다. 아람초등학교 4학년에도 샤샤라는 흑인이 있다. 샤샤와는 친하다. 어떻게 된 건지는 모르지만 친해졌다. 샤샤는 운동을 잘한다. 샤샤와 친해서 속 얘기도 한다. 샤샤는 친구들하고 싸우면 선생님이 매일 자기편을 안 들고 남의편만 들어서 힘들다고 했다.

우리 반 아주즈는 혼혈이다. 아주즈랑은 별로 안 친하다. 아주즈는 매일 장난치고 도망간다. 혼혈은 다른 나라 사람하고 우리나라 사람이 결혼해서 낳은 애를 말한다. 엄마가 그렇게 말씀해주셨다. 혼혈은 딱히 좋지도 나쁘지도 않다. 그냥 보통이다. 혼혈이 한국인인지 아닌지 모르겠다. 한국인은 우리나라 땅에서 태어나고 부모님이 모두 한국인인 사람이다.

한국에 외국인이 많아지는 것은 좋은 일이다. 우리나라 경제가 발전되는 것 같다. 외국과 친해지고 외국인이 점점 많아질수록 외국인들이 우리나라에 오려고 해서 관광지가 될 수 있다. 사회책에 그렇게 나와 있다. 외국인은 일을 열심히 한다. 또 다른 나라 사람을 속인다는 특징이 있다. 다문화가정이나 외국인노동자란 말을 들어본 적은 없다.

(4) 송병헌의 이야기

병헌이의 취미는 그림그리기와 노래 부르기다. 수학을 제일 좋아하고 체육을 가장 싫어한다. 달리기가 느려서 만날 지기 때문이다. 가족 모두 체육을 싫어한다. 우리 가족은 엄마, 아빠, 나, 이렇게 셋이다. 엄마는 학교 선생님이시다. 엄마, 아빠 모두 직장에 다니셔서 집에 가면 강아지가 병헌이를 반겨준다. 학교 끝나면 영어 학원, 피아노 학원을 다닌다. 피아노는 다섯 살 때부터 배워서 지금은 체르니 30과 명곡을 좀 친다. 학교 체육관에서 수영과 배드민턴을 배운다. 토요일에는 논술을 한다.

병헌이는 장래희망이 동물학자다. 그래서 동물에 대한 책을 많이 읽어서 지식을 많이 얻고 공부를 열심히 해야 한다. 엄마, 아빠가 번갈아가면서 책을 많이 사주신다. 부모님은 독서를 많이 하라고 자주 말씀하신다. 엄마도 내가 꿈을 이루기를 원하신다. 엄마가 학교 공부를 많이 도와주신다. 엄마는 예습하는 걸 도와주시고, 아빠는 쉬고 싶을 때 같이 놀러 가주시고 말도 많이 걸어주신다.

병헌이는 3학년 때 전학 와서 친구들에게 따돌림을 당한 적이 있다. 시험 보면 한 개 틀리고, 빼기고 그래서 애들이 잘난 척 한다고 막 때리고 그랬다. 그때 많이 힘들어서 전학가고 싶다는 생각을 했다. 엄마도 스트레스를 많이 받으셨다. 엄마는 힘으로 이기지 말고 머리로 이기라고 말씀하셨다. 그때 담임선생님께서 많이 도와주셨다. 병헌이를 괴롭히는 애들을 불러다 혼내주셨다. 지금은 애들이 착해졌다. 지금 우리 반에도 형석이가 따돌림당한다. 애들하고 친하게 지내고 싶어 하는데 애들이 싫어한다. 그 애에게 걱정하지 말라고 말해주고 싶다.

　이번 토요일에 배드민턴 대회가 있었다. 병헌이는 참가하지 못했지만 같은 반 아주즈는 엄마, 아빠와 함께 참가했다. 아주즈는 엄마에게 배드민턴을 배워서 꽤 잘한다. 아주즈의 아빠는 파키스탄인이시고 엄마는 한국인이시다. 아주즈는 그 중간, 한국인이다. 아주즈는 언어를 한국어로 한다. 아주즈는 돼지고기를 안 먹는 파키스탄 종교가 있다. 아마 파키스탄교일 것 같다. 아주즈는 종교 이야기를 잘 안 해준다.

　우리 동네에는 외국인이 많아서 매일 본다. 외국인들은 털도 있고 대머리도 있다. 외국인들 중에는 흑인보다는 백인이 좋다. 백인은 착하게 생겼는데, 흑인은 약간 난폭하게 생겼다. 실제로 그런 경험을 한 것은 아니지만 그렇게 보인다. 흑인은 얼굴과 몸 색깔이 거의 다 검정색이라서 무서워 보인다. 백인은 다 하얘서 순해 보인다. 병헌이는 흑인하고 친구하고 싶은 생각은 별로 없다. 우리 학교에 다니는 샤샤는 흑인이지만 착하고 부드럽다. 샤샤가 우리 반 교실에 심부름 하러 왔을 때 본 적 있다.

　우리나라에 외국인들이 점점 많아지는 것은 좋은 일이다. 외국인들이 들어오면 우리나라 경제가 훨씬 더 발전할 수 있다. 외국 상인들이 들어와서 우리 상품을 살 수 있고, 교류도 할 수 있다.

　다문화가정이란 말은 들어본 적 없다. 국제결혼은 다른 나라 사람하고 결혼하는 것이다. 아주즈 가족이 국제결혼 가족이다. 아주즈네 가족은 국제결혼을 했지만 가족끼리 잘 생활하고 잘 맞는 것 같다. 아주즈가 아빠와 잘 놀고 엄마가 말씀을 잘하시는 걸 보면 알 수 있다. 병헌이는 나중에 커도 국제결혼을 하고 싶지는 않다. 그냥 하기 싫다. 돈이 많이 들 것 같다.

　한국인은 한국의 고유 음식을 잘 먹고 우리나라의 전통을 사랑한다. 우리나라 전통에는 판소리, 풍물놀이, 장구 등이 있다. 병헌이는 우리나라 전통 중에서 윷놀이와 연날리기를 좋아한다. 다른 나라 사람들에게 김치, 불고기, 두부 같은 우리나라 고유 음식들을 자랑하고 싶다. 이런 걸 잘 못 먹거나 좋아하지 않는다고 한국인이 아닌 것은 아니지만, 정확히 한국인이 될 수는 없다. 또 한국인은 우리말을 사랑한다.

　혼혈은 국제결혼해서 그 사이에 태어난 아이다. 혼혈은 느낌이 이상하다. 우리나라 사람도 아니고 다른 나라 사람도 아니고 중간이다. 이 세상 사람이 아닌 것 같다. 아주즈와 샤샤도 혼혈이다. 그래도 아주즈는 이상하지 않고 괜찮다. 거리낌 없이 친하다. 샤샤는 조금 이상하다. 언어가 이상하다. 어떨 땐 외국어 쓰고 어떨 땐 한국어를 쓴다.

8) 4학년 2반 담임선생님의 이야기

　아주즈는 학습 면에서 공부를 아주 잘하고 열심히 한다. 학업성취도 평가 결과 우리 반 26명 중에서 1등을 했다. 과학이나 수학을 특히 잘하고 다른 과목도 떨어지는 과목은 없다. 책도 많이 읽고 독서록도 아주 잘 쓴다. 성취욕이 아주 강하고, 어떤 것에 빠지면 집중하고 몰입하는 성격이다. 수업 할 때 적극적으로 참여하고 발표도 잘하고 다양한 생각을 얘기한다. 그런데 수업 시간에 과제를 금방 끝내고 딴 짓을 한다. 특히 수학 시간에는 남들 5분 걸리는 걸 1분 만에 끝내고 그 뒤쪽을 푼다. 못 풀게 하면 장난을 친다.

승부욕도 강하다. 체육 시간에 피구를 하려고 편을 나눴다. 아주즈가 속한 팀이 좀 못하는 아이들로 구성이 됐다. 자기 팀이 마음에 안 들었는지 팀을 바꿔주지 않으면 피구를 안 하겠다고 했다. 그래서 '정해진 건데 너 마음대로 바꿀 수는 없다. 네가 열심히 하면 이길 수도 있지 않겠느냐.' 그런 식으로 했는데도 처음에는 안 하겠다고 했다. 그래서 심판을 보라고 했다. 그러더니 두 번째 경기할 때는 하겠다고 했다. 결국 아주즈 팀이 두 번 다 졌다.

생활면에서 아주즈는 장난이 좀 심하다. "애들아, 앉아 있어." 이렇게 말하면 보통 애들은 자리에 앉아 있다. 그런데 아주즈는 앉아 있다가 돌아다니거나 질문을 계속 한다. "학습지 풀어." 이러면 "이렇게 하는 거 맞아요?", "선생님, 다 하면 뭐 해요?" 이렇게 물어본다. 좋게 말하면 호기심이 많고 질문도 많고 궁금한 것을 못 참는다.

아주즈가 남자 애들과는 활발하게 지내는데 여학생들과는 안 친하다. 아주즈가 장난이 심해서 착실한 여학생을 짝꿍으로 붙여줬는데 여학생 애가 하루 종일 울었다. 결국 짝을 바꿔줬다. 그래서 아주즈는 지금 혼자 앉아 있다. 그때 아주즈가 상처를 좀 받은 것 같다. 여자 친구에게 아주 미안해했다. "나는 왜 혼자 앉느냐? 왜 여자 친구 짝 안 해주냐"고 했다. 그 뒤로 장난이 좀 줄긴 했다.

남자 애들과는 잘 지낸다. 아주즈는 체육을 좋아하고 특히 배드민턴을 좋아한다. 아주즈가 다문화 학생이라고 애들이 무시하거나 문제를 일으키진 않는다. 또, 책임감이 강하다. 2학년인 동생을 잘 챙겨준다. 소풍 갈 때 도시락도 챙겨주고 교실 문이 잠겨 있으면 같이 있다가 교실 문 열리는 시간이 되면 동생을 데려다준다.

아주즈는 교사가 많이 신경써줘야 하는 학생은 아니다. 보통 가정처럼 준비물 있으면 다 챙겨오고, 과제도 내면 다 해온다. 처음엔 이름과 가정 조사서에 나온 종교를 보면서 '혹시 공부를 못하지는 않을까? 말을 잘 못하지는 않을까? 애들이 싫어하지는 않을까?'라는 생각을 하면서 아주즈에게 신경을 써줘야겠다는 생각을 했다. 처음에 아주즈를 봤을 때 외모를 보고 좀 놀랐다. 한국 사람이랑 좀 다르게 눈이 크고 코가 길었기 때문이다. 아주즈에게 "너 잘생겼잖아." 이렇게 얘기하면 아주즈가 부끄러워하는 것 같다. 자기 얼굴 그리는 시간이 있었는데 얼굴을 안 그리고 있었다. "너 잘생겼잖아, 그려봐." 그랬더니 아주 좋아하는 건 아니었다.

다문화가정 아이들이 꼭 도움이 필요한 것은 아니고 다양한 아이들이 있다. 샤샤는 공부가 많이 떨어지고 다른 애들과는 다른 행동을 보인다는 말을 들었다. "너 이거 잘못했어." 이렇게 말해주면 "네?" 이렇게 진짜 못 알아듣는다는 식으로 이야기한다고 했다. 샤샤는 가장 기본적인 것이 안 되서 생활도 정리가 안 되는 것 같다. 아주즈는 약간 산만하지만 학업 성취 면이나 교우관계 면에서 크게 문제는 없다. 다문화가정이라고 집안의 경제적 조건에 따라 좌우되는 것 같다. 아주즈는 약간 여유가 되니까 부모님이 봐주실 수가 있다. 그런데 샤샤는 가정이 많이 어렵다. 아주즈는 적응을 잘 하고 있기 때문에 방과 후 활동 같은 지원이 필요한 것 같지 않다. 샤샤는 학습이 부진해서 하는 것이다.

교사들끼리 다문화가정 아이들을 화제에 올려 이야기를 나눈 적이 있다. 아주즈가 우리 반에서 1등을 했다고 이야기한 적이 있다.

다민족, 다인종 학급에 대한 질적사례연구

다문화인데 우리 반 아이들을 다 제치고 학습을 잘한다, 참 대단하다는 뜻으로 이야기를 한 것이다. 그런데 선생님들이 혼혈 첫 세대는 우성 유전자를 모아서 아이들이 잘하고 똑똑한데, 둘째 세대는 열성이라는 식으로 얘기를 하셨다. 아주즈가 공부를 잘하는 것을 아주즈의 노력이 아니라 유전적인 것으로, 좀 안 좋게 본다는 생각이 들었다. 사실 담임이 자랑하면서 말한 것도 다문화 아이들은 공부 못한다는 생각이 있어서 그랬을 수도 있다. 지금 생각해보면 '아주즈가 너무 대단하다'는 이런 식으로 얘기 했으니 그랬던 것 같기도 하다.

아주즈는 보통 때 한국사람 같다. 이름은 좀 그렇지만 행동하는 것은 우리나라 사람 같다. 역사 얘기가 나오면 손들고 얘기한다. 우리나라 이소연이 우주 갔다 온 이야기도 관심 있게 듣는다. 그런데 식목일에 '꿈이 자라는 나무'를 했는데 아주즈가 자신의 최종적인 꿈을 '신되기'라고 써놓아서 참 특이했다. 처음에는 '놀기'에서 '대학에 가서 공부하기', 그 다음에는 '수행해서 신되기' 이렇게 쓴 것이다. "너, 왜 이렇게 썼어?" 이랬더니 "그냥 썼어요"라고 했다. 혹시 종교 때문일지도 모르겠다. 사실 한국 사람들은 그런 생각을 못한다. 아주즈가 종교에 대해서는 교실에서 한 번도 내색을 한 적이 없어서 '신되기'를 보았을 때는 좀 놀랐다.

9) 아주즈 엄마의 이야기

다행히 우리 애들은 이목구비가 특출 나지 않다. 우리처럼 눈이 검고, 피부색이랑 머리색이 똑같다. 눈이 파랗거나 머리가 노랗지 않기 때문에 대하기에 크게 이질감이 없다. 성질이 나쁘고 성격이 안 좋으면 애들이 왕따시키는 것은 똑같다. 특히 1, 2학년 때는 엄청 놀린다. 이름 가지고 놀리는 것은 똑같다. 아주즈는 애들이 놀리는 것 가지고 심각하게 얘기한 적이 없다. 투덜거리지도 않는다. "엄마. 애들이 그렇게 놀려." 그냥 이 정도다. 우리 애도 절대 지지 않는다. 자기도 다른 친구들을 똑같이 놀리니까 한때로 끝난다. 성격이 모난 사람들이 우리 애들을 모난 눈으로 보는 것까지 내가 어떻게 할 수는 없다.

우리는 일반 가정이랑 하나도 차이가 없다. 교육적인 면에서 특별하지도 않고 처지지도 않는다. 크게 불만이 없다. 다문화가정 중에도 엄마가 한국 분이고 한국에 거주하고 있고 부부간에 사이만 좋으면 큰 문제는 없다. 다문화가정 학생들끼리도 너무 차이가 많이 난다. 집에서 아무것도 뒷받침 못해주는 부모도 계신다. 다문화가정 자녀들이 잘 지내려면 가정에서 부모가 지원해주는 것이 제일 중요하고, 두 번째는 학생들과의 상호관계, 그 다음 선생님이 지도해주시는 것이 중요하다.

다문화라는 단어가 작년부터 많이 나왔다. 그때 진주반에서 우리에게 물어보지 않고 애들을 진주반으로 데려갔다. 진주반은 예전의 특수 교실이다. 진주반은 학습이 뒤처지는 애들처럼 따로 지도해줘야 하는 애들이 가는 곳이라는 이미지가 있다. 어떤 애들은 벌 받을 때 '너 진주반 보낼 거야.' 이렇게 이야기 한다. 우리 애가 진주반에 갔다 와서 "나, 진주반 갔다 왔는데 부끄러웠다"라는 말을 했다. 거기서 국어로 쓰기와 수학 더하기를 가르쳤다고 했다.

다문화 프로그램에 반대하지는 않는다. 다문화가정을 따로 구별 짓는 것도 아니다. 다문화는 그 모임의 타이틀일 뿐이다. 나는 우리 애가 백 퍼센트 한국인이라고 믿어도 분명 부모의 바탕을 이해하지 못하는 부분이 있을 것이다. 그래서 미리미리 필요한 프로그램에 참여시키는 것은 필요하다. 또 자신과 비슷한 여건에 있는 애들을 만나서 경험해보는 것도 좋다. 하지만 어떤 프로그램에 참여할지를 학부모가 선택할 수 있어야 한다. 왜 학부모에게 안 물어보고 진주반으로 애들을 데려갔는지. 부모와 미리 전화 상담이라도 하고 프로그램을 진행했더라면. 내 애에 대해서는 부모가 가장 잘 아니까 우리 아이에게 잘 맞는 프로그램에 부모가 선택할 수 있어야 한다.

나는 우리 애가 평범하게 자라면 좋겠다. 전반적으로 교육은 다 시켜도 애가 원하는 것을 하면 좋겠다. 기회가 되면 무슨 직업을 갖든 다국적으로 하기를 원한다. 우리 애에게는 그 애의 피 속에 그럴 가능성이 있다. 더 많은 것을 보고 들었기 때문에 우리 애도 나중에 크면 그런 쪽으로 더 쉽게 생각할 것이다.

아직은 종교 때문에 심각한 문제는 없다. 아빠가 기도하자고 하면 "난 TV 봐야 하는데" 이런 정도다. 아주즈는 아직 어려서 라마단은 하지 않고 가끔 아빠가 집에 계시면 기도를 하는 정도다. 아빠는 애들한테 항상 "너는 나중에 크면 다국적으로 놀아라"라고 말한다. 사고방식은 좀 깨어 있다. 우리 집은 돼지고기 안 먹기, 술 안 마시기, 바람 안 피우기처럼 최소한의 규범만 지키는 정도다. 그것 말고는 강요하는 건 없다. 나는 아주즈가 나중에 커서 혼란스럽지 않게 차라리 독실한 이슬람으로 키우려고 애를 쓴다. 사춘기가 되면 자기 정체성에 대해 혼란스러워 하지 않을까 염려는 한다. 아빠가 독실한 이슬람 신자가 되기를 강요했을 때 아빠와 마찰이 생길 수 있고, 사회생활하면서 문제가 생길 수도 있다. 그런 문제들을 미리 예방하기 위해 이슬람에 대해 친밀해지도록 계속 긍정적으로 이야기한다.

"Hi! Can you speak English?" 사람들이 계속 이렇게 물어서 우리 애가 굉장히 스트레스 받는다. 파키스탄은 영어가 아니고 파키스탄 어가 따로 있다. 그런 말을 들으면서 다른 사람들이 자꾸 자기에게 뭔가 기대하는 걸 느낀다. "왜 영어 못해, 외국인이잖아?" 그런 말을 들어서 스트레스를 받으니까 언제부턴가 영어 학원을 가려고 했다. "이번 달 영어 학원에 보내줘." 애의 스트레스나 글로벌 측면의 가능 성을 생각해서 영어 학원은 보낸다. 그것 말고는 특별히 치중하는 건 없다. 남자 아이니까 운동을 많이 하게 해준다. 나중에 스트레스 를 운동으로 많이 해소하길 바란다.

파키스탄에 들어가서 살 생각이 없었기 때문에 어려서 아빠 말을 가르치지는 않았다. 나도 배우지 않았다. 요즘 들어 좀 후회가 된다. 미리 배웠더라면 큰 자산이 되었을 텐데 그때는 그걸 생각 못했다. 지금은 좀 늦은 것 같다. 늦었더라도 조금씩 가르치자고 하는데 잘 되지는 않는다. 아빠가 바쁘니 가르치는 게 진짜 힘들다.

03

누리초등학교

민수는 5학년 누나와 잘 지내지만 싸우기도 한다. 누나 연필을 허락 안 받고 쓰면 누나가 남의 물건을 왜 **허락 없이** 쓰느냐고 한다. 그럴 땐 엄마, 아빠가 매일 싸운다면서 다른 애들에게 배우고 누나와 잘 지내라고 말씀하신다. 엄마, 아빠는 공부 열심히 해서 나중에 큰사람 되라는 말씀을 많이 하신다.

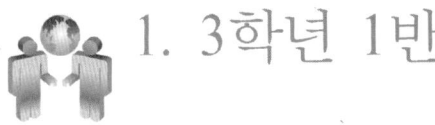

1. 3학년 1반

1) 손민수의 이야기

민수는 5학년 누나와 잘 지내지만 싸우기도 한다. 누나 연필을 허락 안 받고 쓰면 누나가 남의 물건을 왜 허락 없이 쓰느냐고 한다. 그럴 땐 엄마, 아빠가 매일 싸운다면서 다른 애들에게 배우고 누나와 잘 지내라고 말씀하신다. 엄마, 아빠는 공부 열심히 해서 나중에 큰 사람 되라는 말씀을 많이 하신다. 민수의 장래 희망은 대통령이다. 대통령이 되려면 공부를 열심히 해야 한다.

공부 하는 건 재밌다. 체육하고 읽기가 재미있다. 말하기와 듣기는 조금 어렵다. 공부가 힘들 땐 선생님께서 도와주신다. 집에서는 엄마가 힌트를 주시면서 도와주신다. 엄마와 아빠는 옛날에 고등학교까지 나오셨다. 민수는 대학교까지 공부하고 싶다. 대학교에 가서 과학을 공부하고 싶다. 학교 끝나면 학원에 가서 한 시간 정도 태권도를 배운다. 예전에는 형들에게 괴롭힘을 당했는데 이제 태권도를 배워서 괴롭힘을 조금밖에 안 받는다.

학교에서는 민규하고 현석이랑 친하게 지낸다. 희성이와는 사이가 안 좋다. 희성이는 민수를 돼지라고 놀린다. 애들이 잘 놀아주지 않을 땐 기분이 나쁘다. 장훈이도 민수랑 잘 안 놀아준다. 다른 애들과는 잘 노는데 민수와는 거의 잘 안 논다. 민수는 장훈이와 잘 놀아주려고 하는데 걔가 안 놀아주면 기분이 나쁘다. 집에 가면 혼자 놀거나 가까운 데 사는 현석이가 민수네 집에 놀러와서 같이 논다. 주말에는 집에서 컴퓨터 게임도 하고 공부도 하고 자전거도 탄다. 최근에는 집 근처 학교에서 누나랑 축구를 했다.

아직 비행기를 타본 적은 없지만, 만약 갈 수 있다면 일본을 가고 싶다. 일본에서 일본어도 배우고 물건도 사고 싶다. 민수는 우리나라 말 말고 할 줄 아는 외국어가 없다. 영어는 조금 할 줄 안다. 저거 뭐냐고 물어 볼 땐, 'What's this?'라고 한다. 중국어는 '니츠팔로우마'라는 말을 할 줄 안다. '밥 먹었니?'라는 뜻이다. 중국어는 엄마가 가르쳐주셨다. 엄마는 예전에 중국에 사셨다. 엄마는 중국인이시다. 아빠는 한국인이시다. 민수도 한국인이다. 한국인은 한국말을 하고 한국어를 공부하는 사람이다. 중국보다는 한국이 좋다. 한국에서 계속 살 생각이다. 중국 사람과 결혼할 수 있을지는 잘 모르겠다. 다문화가정, 코시안, 국제결혼이란 말은 못 들어봤다.

근처 산에 갔다 외국인을 만나 본 적이 있다. 외국인은 코가 크고 키도 왕창 크다. 외국인을 보면 왜 여기 왔는지 궁금하다. 사귀어보고 싶은 생각은 없다. 좀 무섭기 때문이다. 우리나라에 외국인이 점점 많아지니 기분이 안 좋다. 외국인이 많이 와서 대한민국이 외국인에게 빼앗길까 봐 그렇다.

2) 김은별의 이야기

은별이는 신영이랑 선희와 친하게 지낸다. 같이 색종이 접기도 하고 바둑도 한다. 바둑은 어렵지 않다. 수업은 읽기 수업이 재미있다. 하지만 읽기를 잘하지는 못한다. 크게 어려운 수업은 없다. 숙제할 때는 언니나 엄마가 도와준다. 언니는 누리초등학교 4학년 김은빛이다. 언니랑은 싸울 때도 있다. 은별이가 컴퓨터 할 때 언니가 뺏어가려고 해서 싸운다. 그럴 땐 언니에게 "엄마한테 이를 거야!"라고 말하고, 엄마에게 언니가 컴퓨터 뺏었다고 이른다. 그럼 엄마가 언니를 혼내신다. 엄마는 언니보다는 은별이를 더 예뻐하신다. 은빛이가 이르면 언니를 혼내주시는 걸 보면 알 수 있다. 은별이는 얼굴이 엄마를 닮았다. 엄마는 예쁘시다. 은별이도 엄마를 닮아서 예쁘다. 언니는 아빠를 닮았다. 아빠는 과수원을 하신다.

은별이는 2학년 때 자전거를 타고 있는데 언니가 밀어서 다친 적이 있다. 지금은 다 나았다. 2학년 때 같은 반의 민규도 은별이처럼 사고를 당했다. 승철이가 민규 머리를 의자에 부딪치게 해서 다친 것이다. 승철이와는 친했는데 이사를 갔다. 승철이 동생 승주와도 친했다. 승주는 발을 다쳐서 못 걸었다. 승철이, 승주와 은별이가 무슨 공통점이 있는지는 모르겠다.

은별이는 방학 때 엄마와 중국에 간다. 외할머니가 다치셨기 때문이다. 중국에는 한 번 가본 적이 있다. 중국이 어떤 나라인지는 잘 모른다. 엄마는 중국 사람이다. 아빠는 은별이랑 똑같이 중국 사람이 아니고 한국 사람이다. 은별이는 엄마가 한국에서 낳았기 때문에 한국 사람이다.

반에서 선생님께 칭찬 받은 적이 있다. 선생님께서 뭘 외우라고 했을 때 외우니까 "잘 하네" 하고 말씀하셨다. 또 야단을 맞은 적도 있다. 누가 다쳤을 때 "헐"이라고 했기 때문이다. 정규는 우리 반에서 야단을 많이 맞는 친구다. 구구단도 못 외우고 숙제도 안 해오기 때문이다.

은별이는 나중에 크면 아나운서가 되고 싶다. 엄마, 아빠도 아나운서가 되길 바라신다. 아나운서가 되려면 공부를 잘해야 되고 대학도 가야 한다. 은별이는 서울에서 대학을 다니고 싶다. 지금 은별이의 가장 큰 소원은 키가 크는 것이다.

시내에서 외국인을 본 적이 있다. 외국인은 얼굴이 작고 한국말을 못한다. 외국인하고 사귀어보고 싶은 생각은 없다. 말을 못 알아듣기 때문이다. 말을 알아들을 수 있다고 해도 사귀어보고 싶지는 않다. 못생겼기 때문이다. 외국인은 나쁜 사람이다. 외국인 하면 광우병이 생각난다. 나중에 커서 비행기 타고 가고 싶은 나라는 아시아다. 외국 중에서 제일 안 좋은 곳은 일본이다. 이유는 잘 모른다.

3) 엄장훈의 이야기

장훈이가 제일 재미있는 수업은 쓰기이다. 또 피리로 '작은 별'과

'꼬까신'을 부를 수 있다. 계이름과 노래 가사는 기억나지 않는다. 어려운 공부는 수학이다. 수학 공부가 어려울 땐 친구들이 도와준다. 장훈이는 축구하고 달리기를 잘한다. 또 같은 반 민규가 축구와 달리기를 잘한다. 그래도 장훈이가 더 잘 달린다. 달리기는 재미있다. 장훈이는 나중에 크면 경찰이 되어 도둑을 잡고 싶다. 도둑은 돈 훔치는 것이다. 집에 도둑이 들어 본 적은 없다. 장훈이도 물건을 훔쳐본 적은 없다. 장훈이가 아는 사람 중에서 물건을 훔쳐본 사람도 없다. 경찰이 되려면 공부를 잘 해야 한다. 대학도 가고 싶지만, 어느 대학을 가야하는지는 모른다. 장훈이 가족 중에 대학교를 나온 사람은 없다. 아는 사람 중에도 없다.

장훈이는 한글을 잘 읽고 쓴다. 읽고 쓰기는 엄마가 도와주신다. 엄마는 숙제할 때도 모르는 것을 가르쳐주신다. 최근에는 수학을 가르쳐주셨다. 어떤 내용인지는 기억이 나지 않는다. 엄마가 야단을 치거나 칭찬을 하신 내용도 잘 기억나지 않는다. 엄마나 아빠가 어떤 사람이 되면 좋겠다고 하신 말씀도 잘 생각나지 않는다.

아직 비행기나 기차를 타본 적은 없다. 나중에 비행기 타면 중국에 가고 싶다. 중국에는 외할아버지랑 외할머니가 계신다. 외할머니와 외할아버지가 한국에 오셨을 때 한 번 뵌 적이 있다. 두 분은 중국인이시다. 엄마와 아빠는 한국인이시다. 장훈이도 한국인이다.

아직 외국인을 본 적은 없다. 외국인과 친구 해보고 싶은 생각도 없다. 형이 둘 있는데, 이름이 엄동훈, 엄세훈이다. 셋은 같이 안 논다. 장훈이는 세훈이 형과 친하다. 동훈이 형은 싫다. 어떤 점이 좋고 싫은지는 말하기 어렵다. 같은 반 친구 중에는 현석이랑 친하다. 희성이는 싫다. 놀리고 때린다. 선생님께는 칭찬받아본 적 있다. 담임선생님은 장훈이가 뭘 틀렸을 때 때리신다.

그저께는 늦잠을 자서 학교차를 놓치는 바람에 학교에 못 왔다. 형들이랑 셋 다 늦잠을 잤다. 학교 안 올 땐 그냥 집에 있다. 심심하지는 않다. 집에서 학교까지 걸어와 본 적은 없다. 버스로 얼마나 걸리는지는 모른다.

4) 3학년 1반 친구들의 이야기

(1) 황신영의 이야기

신영이의 장래 희망은 여러 가지이지만 그냥 엄마가 되고 싶다. 신영이는 영어 학원과 피아노 학원을 다닌다. 주말에는 아빠가 낚시를 즐겨 하셔서 시간 날 때 아빠와 낚시하러 가거나 엄마랑 시장을 보러간다. 아빠가 가끔씩 시간 날 때 영화를 보여주신다. 엄마와 아빠는 2년 전과 똑같은 곳에서 일하신다. 엄마와 아빠는 좀 싸우셨는데 다음 날 아침에 보니까 화해하셨다. 다시 옛날처럼 더 많이 친근해진 것 같다. 하지만 엄마와 아빠가 싸우시면 자칫하면 이혼을 할 수도 있다고 들었다. 그래서 혹시 엄마와 아빠가 이혼하시면 어쩌나 그런 걱정이 든다.

신영이는 시험 볼 때는 자신감이 싹 사라진다. 읽기는 재미있다. 수학이 제일 헷갈린다. 장훈이와 정규는 읽기를 잘 못한다. 정규가 장훈이보다 더 못하는 것 같다. 읽으라고 해도 억지로 읽는 것 같아

안쓰러워 보인다.

신영이는 선희와 은별이와 친하다. 한 반에 여자 친구가 셋밖에 없어서 친하게 지낸다. 남자 중에는 희성이가 제일 싫다. 자꾸 다른 애들을 놀린다. 선희에게 아무 이유도 없이 도둑고양이라고 놀려서 마음에 안 들었다. 신영이에게 반 애들은 조폭 마누라라고 놀린다. 애들이 먼저 잘못해서 탁 때렸는데 신영이 손이 매웠던지 조폭 마누라라고 떠들고 다닌다. 신영이는 화를 잘 낸다. 아무리 사소한 거라도 화를 낸다. 예를 들어, 애들이 자꾸 놀리거나 그러면 왜 놀리냐고 먼저 나선다.

2학년 때 반에 승철이라는 친구가 있었다. 승철이는 캐나다에서 왔는데 승주와 쌍둥이다. 승주는 다리에 마비가 걸렸다. 둘은 시내로 전학 갔다. 승철이와 승주는 말을 잘 못하고 친구들과 같이 지내지를 못하는 것 같다. 생긴 것은 평범하게 생겼다. 승철이와 승주의 엄마는 외국인 같다. 영어를 잘하시기 때문이다. 신영이가 아는 외국인은 승철이네 남매뿐이다.

학원 갈 때 외국인하고 지나쳐서 인사만 한 적은 있다. 그 외국인은 머리가 노랗고 눈이 파랗다. 캐나다에서 온 사람 같다. 외국인과 사귀어보고 싶은 생각은 없다. 영어를 못 알아들을 것 같다. 영어 학원을 아무리 다녀도 영어는 그 사람을 따라잡을 수가 없어서 힘들 것 같다. 외국에 간다면 영국에 유학을 가고 싶다. 영국에 가서 음식도 먹어보고 영국이 얼마나 좋은지도 보고 싶다.

국제결혼은 한국인 남자나 여자가 다른 나라의 여자나 남자랑 결혼하는 것이다. 큰아빠가 아직 결혼을 하지 않으셨다. 그래서 국제결혼을 한다고 할머니께서 말씀해주셨다. 결혼할 사람이 없어서 국제결혼을 한다고 아빠에게 들었다. 국제결혼은 좋을 수도 있고 나쁠 수도 있다. 좋은 점은 사람들이 외면하지 않을 것 같다는 점이다. 나쁜 점은 여자가 한국말을 배우려고 학원을 가면 남편이 혼자서 일을 해야 한다. 신영이가 아는 사람들 중에는 이영찬 오빠네가 한국인 아빠하고 캐나다 엄마하고 결혼을 했다. 이영찬 오빠는 캐나다 엄마 배 속에서 낳았지만 한국에서 자라서 한국말을 하니까 당연히 한국 사람인 것 같다. 한국인은 손재주가 뛰어나고 젓가락질도 잘한다. 젓가락질을 많이 하는 나라는 별로 없다. 한국인이 손재주는 1위이다.

(2) 정선희의 이야기

학교생활은 재미있다. 지난달에는 종이접기를 해서 여자군 대 남자군으로 나누어 일곱이서 전쟁놀이를 했다. 정말 재미있었다. 어렵거나 힘든 것은 없다. 미술 시간이 제일 재미있지만, 영어는 힘들다. 선희는 나중에 크면 유치원 선생님이 되고 싶다. 유치원 선생님이 되려면 공부를 잘해야 한다. 지금은 중간 정도 한다. 공부를 제일 잘하는 친구는 반장 현석이와 신영이다. 장훈이와 정규는 공부를 못한다. 장훈이는 말을 잘 안 한다. 놀 때는 잘하지만 선생님이 발표시키면 말을 안 한다. 왜 안하는지는 모르겠다. 선희는 은별이와 친하게 지낸다. 은별이는 같이 있으면 재미있다. 희성이는 조폭이라고 자꾸 놀려서 싫다. 친구들이 하는 말 중에 제일 듣기 싫은 말은 마녀다. 숙제와 공부는 엄마가 도와주시거나 컴퓨터로 한다. 언니들도 도와준다. 학원은 다니지 않는다. 선희는 대학까지 공부하고 싶다. 엄마, 아빠는 공부 열심히 하라고 말씀하신다. 어디까지 가라거나 왜 공부해야 한다는 말씀은 안 하신다.

주말에는 엄마와 아빠가 농사짓는 걸 도와드린다. 어렸을 때 외할머니와 외삼촌이 사시는 다른 지역에 가본 적이 있다. 아직 비행기를 타본 적은 없다. 갈 수 있다면 일본에 가고 싶다. TV에서 보니 일본은 먹을거리가 많고 축제도 많다.

시내에서 외국인을 두 명 본 적이 있는데 둘 다 얼굴이 까맣고 눈이 굉장히 컸다. '외국인은 저렇게 생겼구나'라는 생각이 들었다. 그 두 사람은 외국인이라서 좋았지만 남자라서 싫었다. 외국인이 다 까만 것은 아니다. 미국인은 하얗다. 우리나라에 외국인이 많아지는 것은 사람들이 더 살 수 있어서 좋은 거다. 외국인하고 사귀어보고 싶은 생각은 없다. 외국인에게 시집을 가면 남자의 집에서 살 수도 있는데 그게 싫다. 외국인과 한국인이 결혼을 해서 아이를 낳으면 아빠를 더 많이 닮아서 외국인일 것 같다. 우리 집도 아빠를 더 많이 닮았다. 선희 주변에 외국 사람하고 결혼한 사람은 없다.

2학년 때 여름쯤에 외국인이 학교에 왔었다. 어디서 왔는지는 모른다. 한 명은 장애인이었다. 민규가 외국인 남자애를 때리고 가자 외국인 남자애가 민규를 밀쳤다. 민규는 넘어져서 책상 모서리 뾰족한 데 부딪쳐서 머리에 피가 났다. 외국인 남자애는 한두 달 있다가 다른 데로 전학 같다. 그 외국인은 얼굴이 진짜 동그랬다. 이름은 한승철이다.

(3) 서정규의 이야기

정규는 아직 시계를 볼 줄 모른다. 시계 보는 게 어렵다. 수업 중에는 보건 수업이 제일 재미있다. 제일 어려운 건 수학이다. 공부하다 어려운 게 있으면 선생님과 친구들이 도와준다. 집에 가면 아빠가 도와주신다.

정규의 장래 희망은 축구 선수다. 박지성처럼 축구를 하는 사람이 되고 싶다. 그런데 정규는 축구를 잘하지는 못한다. 축구는 장훈이가 잘한다. 정규는 성격이 수줍음을 많이 타지도 않지만 용감하지도 않다. 조금 부끄러워한다. 제일 자신 있는 것은 그네 타기다. 주말에 가족들과 함께 하는 일은 잘 생각나지 않는다.

학교에 와서 애들이랑 놀 때 제일 기분이 좋다. 친한 친구는 현석이, 민규, 희성이다. 민규와 이야기할 때 제일 마음이 편하다. 민규하고는 밤마다 게임한 이야기를 한다. 친구들과 싸울 때는 기분이 나쁘다. 여자들은 때려서 싫다. 정규의 가장 큰 소원은 민규와 사이좋게 지내고 더 친해지는 것이다.

외국인을 본 적은 없다. 2학년 때 같은 반이었던 한승철을 생각하면 기분이 나쁘다. 민규를 밀어서 머리를 다치게 했다. 우리나라의 좋은 점은 편안하다는 것이다.

(4) 차민규의 이야기

민규는 2학년 때 한승철이 때문에 다친 적이 있다. 희성이 자리에서 말하고 있는데 승철이가 와서 시끄럽다고 밀어서 머리를 다쳤다. 많이 아팠지만 병원에는 가지 않고 금방 나았다. 승철이가 엄청 미웠다. 그 전에 승철이가 때린 적은 없었다. 승철이가 전학을 가서 화해는 못했다. 승철이는 정규도 못살게 굴었다. 정규의 몸을 돌리다가 나서 정규가 넘어졌다. 승철이가 어떻게 생겼는지는 기억나지 않지만 힘이 세다. 승철이는 외국인이다. 어느 나라 사람인지는 모르지만 영어로 말을 한다. 외국인은 영어로 말한다는 점이 우리나라 사람들과는 다르다. 민규는 한국말을 하기 때문에 한국인이다.

승철이 말고 외국인을 본 적은 없다. 외국인은 나쁜 사람이다. 승철이가 민규를 때렸기 때문이다. 외국인하고 친구하고 싶은 생각은 없다. 기차는 타본 적이 있지만 비행기를 타본 적은 없다. 비행기를 탄다면 일본에 가고 싶다. 일본 음식을 먹어보고 싶기 때문이다. 일본 음식에는 초밥이 있다.

민규는 체육 수업이 재미있다. 수학은 재미없다. 공부가 힘들면 애들이 도와준다. 집에서는 엄마가 도와주신다. 엄마가 공부를 도와주실 시간은 많지 않다. 아빠와 함께 농장에서 일하시기 때문이다.

민규는 나중에 커서 소방관이 되고 싶다. 불 끄는 게 멋있다. 소방관이 되려면 공부를 열심히 해야 한다. 대학까지 가야한다. 대학에 가고 싶은지는 모르겠다. 선생님은 수학 공부 잘했다고 칭찬해주신다. 하지만 생각하고 말하지 않을 때는 야단치신다. 민규는 칭찬을 받기보다는 야단을 더 많이 맞는다. 우리 반에서 제일 야단을 많이 맞는 친구는 손민수다. 이유 없이 말하기 때문이다. 또 정규도 장난쳐서 야단을 많이 맞는다. 현석이와 신영이는 공부를 잘해서 칭찬을 많이 받는다.

(5) 안희성의 이야기

희성이는 수학을 좋아한다. 오늘 수업 시간에는 길이와 시간을 배웠다. 그래도 수학은 어렵다. 달리기는 잘하고 재미있다. 달리기를 제일 잘하는 친구는 민규다. 그 다음은 장훈이, 현석이, 정규 순이다. 민수와는 별로 차이가 나지 않는다. 학교 전체에서 제일 달리기를 잘하는 사람은 장훈이 형인 엄세훈이다. 세훈이 형은 육상대회에도 나갔다. 희성이는 현석이와 친하게 지낸다. 정규와는 사이가 안 좋다. 그냥 막 깨물고 때리기 때문이다. 선생님께 가장 야단을 많이 맞는 친구는 정규다. 제일 불쌍한 친구는 장훈이다. 이유는 모르겠다. 인기가 가장 많은 친구는 현석이다. 다른 친구들과 사이가 안 좋은 친구는 없다.

2학년 때 같이 있었던 한승철은 방학 끝나고 전학 갔다. 이유는 잘 모른다. 싸우다가 민규 머리를 다치게 한 것이 기억에 남는다. 한승주는 말은 안 하고 웃기만 한다. 어떨 때는 영어를 쓰다가 어떨 때는 한국말을 쓴다.

희성이는 나중에 크면 경찰이 되고 싶다. 경찰은 도둑을 잡는 사람이다. 학교 형 중에 도둑을 본 적이 있다. 주말에는 2주에 한 번 부모님이 계시는 도시에 간다. 엄마, 아빠가 거기서 직장을 다니신다. 희성이는 지금 할머니와 살고 있다. 나중에 자라면 착한 사람이 되고 싶다.

스카우트 행사에서 다른 지방으로 여행을 가본 적이 있다. 아직 기차와 비행기를 타본 적은 없다. 비행기 타면 영어를 배우게 미국에 가보고 싶다. 미국 사람도 외국 사람도 아직 본 적은 없다. TV에서도 별로 본 적 없다. 외국인을 사귀어보고 싶은 생각은 없다. 이유는 모르겠다. 한국은 외국과 말이 다르다.

5) 3학년 1반 담임선생님의 이야기

누리초등학교가 있는 이 지역은 재정 자립도가 7% 정도로 두 자리 수에 못 미친다. 그래서인지 결혼이주민 외국여성과 결혼하는 비율이 전국에서 1위이다. 10쌍이 결혼하면 4쌍은 외국인 여성과 결혼한다고 들었다. 여기는 주로 일본인 자녀가 많고, 베트남, 캄보디아, 중앙아시아 쪽도 몇 분 계신다. 우리 반 아홉 명 중에 손민수, 김은별, 엄장훈이 다문화가정 자녀들이다. 모두 엄마가 조선족이시다.

세 학생의 성적은 상, 중, 하에 골고루 분포되어 있다. 셋 중에서는 손민수가 좀 낮다. 다문화가정 아이들이라고 학업이 뒤쳐지는 것은 아니다. 모든 학생들의 학업 성취도가 전반적으로 낮다. 2학년 때 구구단을 다 외우고 올라왔는데 3학년에 올라와서 절반 이상이 구구단을 기억하지 못한다. 2학년 진단평가 평균 점수는 43점이 나왔다. 3월 말, 4월 말 고사도 평균 50점이 안 나왔다. 도시 지역에 나가도 문제없이 대학에 갈 학생들은 현석이와 신영이 둘 정도다. 가을에 있을 국가수준 학업성취도 평가에서 모든 학생들이 누락되지 않고 다 통과해서 4학년에 올라가는 것이 담임으로서의 소원이다. 학생들의 가정형편도 그다지 유복하지 않다. 조손가정이나 결손가정도 많다.

다문화가정 학생들의 생활 문제에 크게 관심을 쓰지는 않는다. 애들이 놀림당하고 따돌림당하고 말도 못하는 건 없다. 자기들끼리 어울리고 놀고 활동하는 데 부자연스러운 게 없다.

손민수는 할아버지, 할머니에게 무척 귀한 손자이고, 부모님에게도 무척 귀한 아들이다. 아주 어렸을 때부터 구김 없이 자라서인지 자신감이 넘치고 발랄하다. 하지만, 툭툭 나서고 무언가 좀 알면 그걸 바로 표현을 한다. 운동장에 나가서 체육을 한다고 말하면 준비할 것이 무엇인지를 말하기도 전에 이미 뛰어나가 있다. 또 수학 문제를 풀면 일찍 나가고 싶어서 문제를 후다닥 푸느라 10문제 중에 6문제도 못 맞춘다. 민수는 나서는 행동을 하고 성격이 급하다. 친구들이 거기에 호응하지 않으면 먼저 짜증을 낸다. 그래서 애들과 잘 어울리지를 못 한다. 집에서는 더 활달하게 키우려고 부모님들이 자꾸 기죽지 말라고 하시는 것 같은데 교실에서는 가급적이면 못 나서게 한다. 밝고 명랑한 것은 좋은데 차분한 감이 있으면 좋을 것 같다. 지금 풍물을 다 함께 하고 있는데 민수는 악기를 세 번 바꾸었다. 처음에는 북 치다가 장구도 해보고 싶다고 하다가 마지막에 꽹과리 치는 것으로 바꾸었다.

민수 어머니는 좀 극성스러우시다. 누가 민수를 조금만 때리면 그 집으로 쫓아가고 학교로 쫓아오신다. 그래서인지 애들이 민수를 건들지 못한다. 버스 하교 지도 중에 차에 올라오셔서 애들이 민수를 괴롭히지 못하게 잘 봐달라고 하셨다. 오히려 반대로 민수가 애들을 괴롭힌다.

수업 시간에 민수를 보면 다문화가정 자녀라고 전혀 못 느낀다. 민수는 말하기와 듣기가 어렵다고 하는데 그건 자신의 느낌이 그런 것이다. 특별한 문제가 있는 것도 아니고 활동도 잘한다. 다만 남

앞에 서서 말하려고 할 때 말을 더듬는다. '어, 뭐더라. 어, 있잖아요.' 이 말을 다섯 번 정도 한 뒤에야 본론이 나온다. 본론이 짧다. 자신이 말을 잘 안 하려고 한다.

김은별은 아빠보다 엄마가 자녀에 대한 교육열이 높다. 버스로 하교할 때 엄마가 나와서 맞이하신다. 손민수 엄마와 함께 3월 자모회에도 나오셨다. 과수원을 하는데 인심이 좋다. 은별이가 숫기가 없고 너무 여성스러우니 활발하게 좀 키워달라는 부탁을 하셨다. 은별이는 점잖다. 과제 같은 것을 해결할 때는 하나를 가지고 오랫동안 한다. 나쁜 표현으로는 좀 꾸물거린다.

엄장훈은 형이 둘 있는데 5학년 동훈이와 세훈이다. 쌍둥이가 아니고 나이가 다른데 같은 학년에 다닌다. 세훈이는 좀 활발하지만 동훈이는 완전히 내성적이다. 우연히 가정방문을 하게 되어 아빠, 엄마와 말씀을 나눌 기회가 있었는데, 두 분 다 거의 말씀을 안 하셨다. 장훈이 형제들이 십여 년을 이런 환경에서 자랐기 때문에 자기 의사표현을 못하는 것은 아닌가 하는 생각이 들었다. 형제들 중 장훈이는 지금 많이 좋아졌다. 애들이 없으면 선생님과 대화도 한다.

다문화가정 아이들만 별도로 모아서 교육을 시키는 것에는 반대한다. 작년 가을 추석 무렵에 지방 방송국에서 다문화가정 아이들을 예절실에 모아 놓고 한복을 입히고 절하는 모습과 차를 마시는 모습을 촬영해서 방송한 적이 있다. 누구 엄마, 누구네 외갓집이 중국이라는 사실을 본인들은 숨기고 싶고, 말하지 않으면 표시나지 않을 텐데 자꾸 주변에 말을 하니까 안타까웠다. 현재 4학년 학생들이 입학했을 때 입학생 열두 명 중에 다섯 명이 다문화가정이라고 보도가 된 적이 있었다. "너희 엄마는 어느 나라 사람이냐?" 기자가 교실에 가서 다문화가정 학생들에게 물어본 내용이 여과 없이 방송으로 그 냥 나갔다. 그때 다문화가정의 할머니들이 펄펄 뛰었다. "뭐, 자랑스 럽다고 그걸 내 보내느냐." 이 지역 정서가 다문화라는 말을 아주 싫어한다. 선생님들도 특별한 경우 아니면 다문화라는 표현을 잘 안 쓴다. 다문화 관련 공문이 와도 괜한 것 또 들춰내는 것은 아닌가 하는 생각이 들어서 학부모님들께 알려드리는 것을 좀 망설인다. 다 문화가정 아이들만 데리고 어디 갔다 오면 '우리 그런 도움 안 받아 도 돼'라고 뿌리칠 정도다. '우리는 자존심 상하니까 표시 없이 키워 달라'는 것이다.

# 2. 4학년 1반

1) 손민정의 이야기

민정이는 키가 152.5센티미터이다. 왜 이렇게 키가 잘 크는지는 모르겠다. 남동생은 3학년 손민수다. 동생도 키가 전보다 조금 컸다. 가족들 중에는 남자들이 키가 크다. 아빠도 크고 할아버지도 크시다. 민정이는 아빠를 닮았다. 다른 분들이 민정이가 아빠와 얼굴도 성격도 '붕어빵'이라고 말씀하신다. 우리 아빠는 다른 어르신들께 잘 대하신다. 민정이도 어른들에게 잘한다. 동생은 엄마를 닮았다. 엄마도 괜찮게 생기셨다. 엄마, 아빠는 잘 생기셨다. 민정이가 민수보다는 크지만 싸우면 진다. 민수는 태권도를 다녀서 벌써 근육이 나왔다.

민정이는 체육에 별로 관심이 없어서 태권도를 안 배웠다. 대신 음악에 관심이 있어서 피아노 학원을 다녔다. 일주일에 다섯 번, 삼년 정도 배워서 지금은 체르니 60번을 친다. 집에 피아노가 있다.

엄마가 사주셨다. 또 학원에서 수학이랑 국어, 주산을 배우고 있다. 학원에 다니기에 집안 형편이 조금 부족하다. 학원이 비싸다. 민정이랑 민수랑 합하면 학원을 네 군데 다녔다. 그런데 민정이가 공부를 조금 잘하니 배워서 동생을 가르쳐주라고 해서 민수는 공부 학원을 끊고 태권도만 다닌다. 민정이도 지금은 학원을 잠깐 쉬고 있다. 피아노도 안 다니고 공부 학원도 쉬고 있어서 요즘 고민이 된다.

민정이는 흡연금지 글짓기에서 장려상을 받았다. 전에도 다른 대회에서 우수상을 받은 적이 있다. 민정이는 공부를 잘해서 1등을 하고 싶다. 3학년 때는 1등을 했지만, 지금은 전학 온 진희가 일등이다. 민정이는 부반장, 진희가 반장이다. 진희와 차이가 많이 나는 것은 아니다. 민정이는 진희보다 음악과 달리기를 잘하고 수학은 조금 못한다. 제일 친한 친구는 은빛이다. 은빛이가 민정이를 따돌릴 때도 있다. 그럴 때는 싫지만, 한밤 자고 지나면 다시 자꾸 좋아진다. 유리는 좀 싫다. 조금 잘해주면 친구들을 막 때린다. 재영이가 좀 뚱뚱한데 광우병 걸린 소라고 했다. 푸름이에게는 오리 궁둥이라고 하면서 놀렸다.

민정이는 되고 싶은 게 엄청 많다. 나중에 크면 가수도 되고 싶고, 피아노 선생님도 되고 싶고, 무용 선생님도 되고 싶고, 선생님도 되고 싶다. 민정이는 유치원 때부터 가르치는 게 좋았다. 왠지 잘 가르칠 것 같다. 음악을 어렸을 때부터 배웠기 때문에 음악 선생님이 되면 더 잘 가르칠 것 같다. 선생님이 되기 위해 대학까지 가고 싶다. 엄마와 아빠는 민정이가 대학교 갈 때까지 돈 벌어서 공부시키겠다고 하신다. 엄마, 아빠는 공부하면 훌륭한 사람이 되고 부모님한테 효도한다고 말씀하셨다. 유엔사무총장처럼 대통령보다 조금 높은 사람이 되라고 하셨다. 그러자면 공부를 잘해야 한다. 하지만 공부를 조금 못해서 가수나 선생님이 못 되면 공부한 만큼 남에게 친절을 베풀고 싶다.

학교 다니는 건 재미있다. 소풍 갈 때가 제일 재밌다. 선생님은 민정이에게 잘해주신다. 선생님은 민정이뿐만 아니라 애들 전부에게 다 잘해주신다. 선생님은 모두 다 칭찬해주시고 1년 동안 있었던 일을 찍은 사진을 CD에 담아주셨다. 유치원 때부터 지금까지 좋은 선생님을 많이 만났다. 음악 수업은 재미있지만 사회는 힘들다.

공부하다 어려운 게 있으면 진희가 도와준다. 집에서는 그냥 혼자할 때도 있고 아빠가 도와주실 때도 있다. 엄마와 아빠는 두 분 다일을 하셔서 바쁘시다. 할머니와 할아버지도 농사를 지으신다. 엄마는 가게에서 일을 하셔서 학교 마치고 가면 엄마가 항상 계신다. 엄마 가게 뒤편에 민정이 집이 있다. 그 뒤쪽에는 할머니, 할아버지 집이 있다. 집에 가면 민정이 방과 민수 방이 따로 있다.

여행은 서울에 있는 이모네, 경기도에 있는 고모네에 다녀온 적이 있다. 또 바다 근처에 가서 하룻밤 자고 온 적 있다. 외국 중에서는 중국에 가보고 싶다. 중국에 외삼촌이 계신다. 유치원 땐가, 1학년 때 외삼촌이 한국에 오셔서 한 번 본 적이 있다. 외삼촌이 한국 분인지 중국 분인지는 잘 모르겠다. 외삼촌은 한국말로 말씀하셨다. 원래 외할머니, 이모, 엄마, 외삼촌이 중국에서 살았다. 그런데 우리 엄마가 한국으로 시집 왔다. 같은 반의 김은빛 엄마도 똑같이 중국에서 시집와서 살고 있다. 외삼촌은 아직 한국에 안 나오셨다. 외할머니와 이모는 서울에서 사신다. 엄마는 한국에 오신 지 10년이 넘어서 이제는 중국말을 못하신다. 은빛이 엄마는 외할머니, 외할아버지가 중국에 계신다. 그래서 자주 통화를 해서 중국말을 안 잊어버리셨다. 은빛이는 애들에게 중국말을 한다. 민정이는 '니 하오' 정도 안다. 엄마가 중국에서 오셨기 때문에 좋은 점이 있다. 선생님이 중국말로 '안녕하세요?' 단어를 알아오라고 할 때, 외삼촌에게 전화하는 것보다 엄마한테 물어보는 게 더 쉽다. 아직 그런 숙제를 내주신 적은 없다.

국제결혼이나 다문화가정이란 말을 들어본 적은 없다. 외국인을 실제로 본 적은 있다. 외국인은 코가 오뚝하고, 눈 색깔이 조금 이상하다. 연두색이다. 피부는 하얀 사람도 있고, 검은 사람도 있다. 머리카락은 주황색도 있고 갈색도 있다. 외국 사람을 보았을 때 신기했다. 피아노 학원 끝나고 가는데 외국 사람이 지나가면서 민정이에게 영어로 "하이"라고 말했다. 그래서 그냥 웃었다. 영어는 잘 모른다.

우리나라에 외국 사람이 많아지는 것은 좋은 것 같다. 2013년에 지구가 멸망한다는 얘기가 있는데, 그때 외국인이랑 힘을 합쳐서 그걸 막으면 지구가 멸망하지 않는다고 했다. 예전에 중학교에 다니는 한 오빠가 그랬다. 그 얘기가 맞는 것 같기도 하다. 그래도 외국인을 사귀어 보고 싶은 생각은 없다. 외국인과 사귀면 외국어를 배울 수 있어서 좋긴 하지만, 외국어를 모르니까 무슨 말을 하는지도 모른다. 외국어를 할 줄 알아도 안 사귀고 그냥 친구만 할 거다. 결혼하고 싶은 생각은 없다. 외국인하고 결혼하는 것은 좀 어이없다. 다른 나라 사람이랑 결혼하니까 조금 이상하다. 주변에 베트남이나 중국에서 와서 결혼한 경우를 서너 명 봤다. 민정이 마을에도 한 분 계시고, 다른 마을들에 각각 한 분씩 계신다. 우리 동네에는 베트남에서 오신 분이 계신다. 얼굴만 봤는데 마음씨가 착하다.

2) 김은빛의 이야기

  은빛이네 집은 좀 길쭉하고 방이 세 개다. 안방에는 TV, 장, 장난
감 가방이 있다. 옷 방에는 농이 두 개가 있고 침대가 있고 옷 넣는
장이 있다. 사랑방에는 책장이 있고 컴퓨터가 있다. 주방에는 싱크대
랑 김치 냉장고, 양 손으로 여는 냉장고가 있다. 은빛이와 은별이는
옷 방에서 같이 잔다. 이제 두 살인 남동생이 태어난 후 사랑방에
있는 높은 침대와 옷 방에 있는 얇은 침대를 바꾸었다. 아빠는 과일
농사를 하시고, 엄마는 집안에서 청소와 애기를 보살펴주신다. 엄마
가 일을 할 때는 은빛이와 은별이가 동생을 보살핀다. 은빛이는 외모
도 성격도 아빠를 닮았다. 뭐가 잘 안 되면 성질을 낸다. 아빠도 엄마
가 말을 안 들으면 성질을 내신다. 기분이 좋으실 땐 은별이에게 농
담도 하신다. 은빛이는 엄마와 아빠가 둘 다 좋다.
  은빛이는 수학, 음악, 국어, 체육, 미술을 좋아한다. 사회랑 과학은
어렵다. 어려운 과목은 컴퓨터에서 찾아보거나 엄마가 도와주신다.
엄마는 특히 수학을 잘 도와주신다. 엄마는 청소하고 공부를 잘하신
다. 은빛이는 동생과 학원도 다니고 피아노도 배운다. 지금은 선생님
이 사고가 나셔서 며칠 쉬고 있다. 집에 와서 동생들이랑 놀면 기분
이 좋다. 엄마한테 혼나거나 동생들이 맞거나 막내 동생이 울면 기분
이 안 좋다. 엄마는 공부나 숙제를 안 하거나 컴퓨터만 계속하면 혼
내신다. 은빛이는 공부를 조금 못한다. 하늘만큼 땅만큼 잘하고 싶
다. 은별이가 은빛이보다 공부를 더 잘한다. 은빛이가 수학 익힘책을
90점 맞고 시험지에서 60점을 맞자 엄마와 아빠가 공부를 더 열심히

하라고 하셨다. 훌륭한 사람이 되려면 공부를 열심히 해야 한다. 가수나 교수가 훌륭한 사람이다.

은빛이의 장래 희망은 화가나 가수다. 지난번에도 그림을 그려서 우수상을 탔고 이번에도 책표지 꾸미기를 해서 장려상을 받았다. 붓글씨는 3학년 때 보육선생님(다문화 담당교사)께 배웠다. 붓글씨는 영찬이, 성광이, 재영이랑 배웠다. 민정이와 유리는 다니다가 말았다. 은빛이도 계속 다니다가 하기 싫을 때는 그냥 숨었다.

처음으로 발표했을 때 잘했다고 선생님께 칭찬을 받았다. 선생님은 다른 애들도 칭찬을 잘해주시고 똑같이 친절하시다. 3학년 때 담임선생님은 그림이나 발표를 잘했다고 칭찬해주셨다. 엄마와 아빠는 학교에 와 보신 적 있다. 자주는 못 오시지만 운동회 할 때 오신다. 반장이나 부반장을 아직 해본 적은 없다. 부반장은 해보고 싶다. 기분이 좋을 것 같다. 부반장이 되려면 친구들 싸움도 말리고 해야 한다.

요즘은 친구들이 왕따시킬까 봐 고민이 된다. 그런 적은 없다. 요즘에는 별로 안 싸우지만, 유리랑 민정이랑 싸웠는데 유리랑 민정이가 같이 놀면 왕따 기분이 든다. 은빛이는 유리랑 진희랑 친하다. 싸울 때는 민정이도 싫고 유리도 싫다. 진희랑은 별로 싸우지 않는다. 4학년 때 민정이가 부반장할 때 뽑아달라고 해서 뽑아주었다. 그런데 은빛이가 진희를 뽑아줬다는 얘기가 나왔다. 그래서 그때 싸우고 다시는 안 뽑아준다고 했다. 민정이가 오해를 한 것이다. 은빛이는 진짜 민정이를 뽑았다. 그렇게 싸우면 기분이 나쁘다.

다문화가정이라는 말을 들어본 적 없지만 국제결혼은 지나가다 펼침막에서 봤다. 국제결혼은 한국 사람과 외국 사람이 결혼하는 것이다. 은빛이네와 민정이네가 국제결혼 가정이다. 은빛이와 민정이는 엄마가 중국 사람이다. 엄마는 중국에서 살다가 아빠랑 결혼해서 한국에 왔다. 은빛이 엄마는 외할머니에게 계속 전화를 하셔서 중국말을 하시는데 민정이 엄마는 중국말을 조금 까먹었다. 엄마가 중국말 하시는 걸 보면 은빛이도 하고 싶다. 엄마가 중국말을 가르쳐주셨는데 까먹어서 지금은 안 가르쳐 주신다. 중국에는 어렸을 때 세 번 가봤지만 1살, 2살, 3살 때라 기억이 잘 안 난다. 중국 하면 중국 사람들이 떠오른다. 일본인, 미국 사람, 중국 사람은 외국인이다.

은빛이는 중국이랑 미국이랑 아프리카랑 러시아에 가 보고 싶지만, 외국 사람을 사귀어보고 싶지는 않다. 외국사람 말을 못 알아들을 것 같다. 말을 알아들을 수 있으면 중국 사람하고 결혼할 거다. 엄마가 그러는데 중국에서 한국말도 한다고 했다. 엄마가 중국 사람이어서 놀림당해 본 적은 없다. 만약에 누군가 그걸로 놀린다면 때릴 거다. 아니면 함부로 놀리지 말라고 혼낼 거다. 은빛이는 엄마가 한국에서 낳아서 한국인이다. 한국인은 한국에서 태어난 사람이다. 한국은 외국인이랑 생긴 것도 다르다.

3) 이영찬의 이야기

영찬이는 효도상을 받은 적이 있다. 효도상은 부모님께 효도할 때 주는 상이다. 영찬이는 엄마가 아플 때 마사지도 하고, 밥도 차린 적이 있다. 엄마는 자주 아프시다. 어디가 아프신지는 모른다. 영찬이네 가족은 엄마, 아빠, 동생 세 명이다. 영찬이는 장남이다. 동생들을 잘 보면 부모님께 칭찬받는다. 동생들이 싸울 때는 영찬이가 말린다. 특히 영아가 많이 싸운다. 영아는 2학년이다. 영아는 영찬이의 말을 잘 듣지 않는다. 영아에게 싸우지 말라고 얘기하고 싶다. 영애와 영미는 예쁜 동생들이다. 둘은 네 살이다. 남동생 지찬이는 1학년이다. 그 중에 제일 예쁜 동생은 영미다.

엄마나 아빠가 영찬이에게 어떤 사람이 되라고 말씀하신 적은 없다. 영찬이는 나중에 커서 축구 선수가 되고 싶다. 그게 영찬이에게 딱 맞는 것 같다. 영찬이는 달리기도 잘하고 공도 잘 찬다. 그래서 같은 동네에 사는 가장 큰 형이랑 매일 축구를 한다. 그 형은 고등학교 2학년이다. 고등학생과 축구를 해도 잘할 수 있다. 그 형에게서 축구공을 뺏었다. 또 배구도 잘한다. 수업은 체육 수업이 가장 재미있다. 도덕은 재미없다.

학교에서는 성광, 연결, 다운, 재영이와 친하다. 손민정은 좀 싫다. 만날 남학생을 괴롭히고 다운이도 괴롭힌다. 때려눕힌다. 민정이도 힘이 세지만 다운이도 만만하지 않다. 힘이 제일 센 사람은 재영이다.

숙제를 매일매일 해오지는 못한다. 어떨 땐 못 한다. 학교에서 숙제할 것을 못 가져갈 때도 있기 때문이다. 집에서 숙제할 때는 엄마가 도와주신다. 엄마가 공부를 잘하는지는 모르겠다. 엄마가 일본에서 오셨기 때문이다. 그래도 우리말로 쓰여 있는 책을 읽을 때 어려워하시지는 않는다. 엄마에게 일본 말을 조금 배운 적이 있다. 밤에 잘 때 인사할 때는 '곤니찌와'라고 한다. 또 '곤방와'도 안다. '고자이마스'는 '고맙습니다'라는 뜻이다. '사요나라', '스미마셍', '오하이오 고자이마스'는 잘 모른다.

엄마는 영찬이에게 대학까지 나와야 한다는 말씀은 하지 않으신다. 영찬이는 초등학교 6학년까지 다니고 싶다. 중학교는 안 가려고 한다. 대신 바깥에서 자전거 타고 운동하거나 집에서 컴퓨터를 하고 싶다. 공부를 오래 하고는 싶지만 중3까지 기다리기가 힘들기 때문이다. 아, 축구 선수가 되려면 고2까지는 다녀야 한다. 사실 축구 선수가 되려면 학교를 얼마나 다녀야 하는지 잘 모르겠다.

일본에는 비행기 타고 한 번 가 본 적 있다. 외할머니 댁에 갔다. 어딘지는 잘 모른다. 외할머니가 많이 편찮으셨다. 외할머니는 맛있는 것을 많이 사주셔서 좋다. 일본에 다시 가 보고 싶은지는 모르겠다. 엄마가 일본 사람이어서 좋을 때도 있고 안 좋을 때도 있다. 일본에 갔을 때는 좋았지만, 아빠가 같이 안 가서 안 좋았다. 아빠는 일 때문에 같이 못 가셨다. 아빠가 무슨 일 하시는지는 잘 모른다. 안 가르쳐주시기 때문이다. 엄마도 안 가르쳐주신다. 궁금하지는 않다.

엄마는 일본인이시지만 아빠는 한국인이시다. 영찬이는 한국인이다. 그런데 엄마가 피가 섞였다고 하셨다. 그래서 일본인인지 한국인인지 잘 모르겠다. 한국인이 일본인보다는 더 좋다. 왜냐하면 말이 쉽기 때문이다. 외국인에게 우리나라를 자랑한다면 태극기와 무궁화를 자랑하고 싶다. 꽃이 예쁘다. 우리나라에 외국인이 많아지는 것은 안 좋은 것이다. 미국은 더 안 좋다. 황인종, 백인종, 흑인종 중에는 아프리카 사람이 좋다. 무인도에서 혼자 힘으로 살기 때문이다.

나중에 커서 일본 사람과 결혼할 수 있을지는 모르겠다. 국제결혼은 조금 들어본 것 같은데 무슨 뜻인지는 모르겠다. 무슨 말일까? 영찬이는 귀여운 여자가 좋다. 같은 반의 김은빛이 귀엽다. 좋아한다고는 말 안 했다.

4) 4학년 1반 친구들의 이야기

(1) 임성광의 이야기

성광이는 할머니, 아빠, 형과 함께 산다. 형은 6학년이다. 엄마는 아빠와 싸워서 지금 함께 살지 않는다. 3학년 때 엄마가 연락하셔서 만난 적이 있다. 엄마는 맛있는 것도 사 주시고 형 핸드폰과 성광이 시계도 사주셨다. 그날 밤 찜질방에서 엄마와 함께 잤다. 다음 날 성광이와 형은 엄마가 보고 싶어서 자면서 울었다. 엄마에게 전화로 같이 살고 싶다고 하자 나중에 만나자고 했다. 지금 엄마가 어디 사시는지는 모른다. 전화도 오지 않는다. 중2가 되면 엄마가 핸드폰을 사주시겠다고 했다. 그때가 되면 "엄마, 뭐하세요?"라고 물어보려고 한다. 그럼 엄마는 "성광이랑 같이 얘기하니까 좋구나"라고 말씀하실 것 같다.

성광이는 커서 축구 선수나 요리사가 되고 싶다. 축구 선수는 우승도 하고, 요리사는 맛있는 것도 먹고 돈도 번다. 요리사가 되면 빵이나 피자, 치킨을 만들고 싶다. 수업은 체육, 미술, 영어가 재미있다. 학교 끝나면 집에서 숙제한 다음 컴퓨터를 한다. 공부하다 어려운 것은 형이 도와준다. 더하기와 분수는 쉽지만 나누기는 엄청 어렵다. 친구들 중에는 연걸이, 재영이, 다운이와 조금씩 친하다. 영찬이와도 조금 친하다.

아직 여행을 가본 적은 없다. 외국에 간다면 프랑스, 캐나다, 미국, 중국에 가서 공부도 하고 영어도 배우고 친구들도 만나고 싶다. 시내에서 외국 사람을 본 적이 있다. 검은 얼굴, 하얀색 얼굴 모두 보았다. 검은색 얼굴은 더럽고 거지 같아서 싫다. 또 얼굴이 까만 여자를 만날 것 같다. 하얀 얼굴은 잘생겼다. TV에서 한국 사람이 외국인하고 결혼하는 걸 본 적이 있다. 어떻게 한국 사람이 외국인이랑 결혼을 하는지 모르겠다. 우리나라에 외국인이 많아지는 것은 안 좋은 것이다. 외국인은 영어만 하고 한국어는 조금밖에 못한다. 성광이는 '하이'는 알지만 영어를 조금밖에 못해서 외국인이 하는 다른 얘기를 못 알아듣는다.

(2) 조연걸의 이야기

연걸이 가족은 할아버지, 할머니, 아빠, 엄마, 삼촌, 형, 누나다. 연걸이는 막내다. 아빠는 돼지를 셀 수 없이 많이 키우신다. 집에서 먹는 게 아니고 파는 것이다. 돼지를 옮길 때는 힘들다. 연걸이는 주말마다 어디로 놀러도 가고 맛있는 것도 먹는다. 엄마, 아빠에게 혼날 때는 기분이 안 좋다. 얼마 전엔 숙제를 컴퓨터로 해서 혼났다.
연걸이는 나중에 크면 조련사가 되고 싶다. 1학년 때부터 되고 싶었다. 사람들에게 동물이 얼마나 소중한지 알려주기 위해서이다. 조련사는 동물들을 기르고 사람들한테 동물 공연을 보여주는 것이다. 조련사가 되려면 공부도 열심히 해야 한다. 대학교까지는 공부하고 싶다. 부모님께서도 도와주실 수 있을 것 같다.
학교 끝나면 태권도 학원에 다닌다. 공부는 중학교에 다니는 형과 누나가 도와준다. 체육은 재미있지만 수학이 힘들다. 친구 중에서는 다운이와 가장 친하다. 다운이는 놀 때 같이 끼워주고, 잘생기고 인기도 있다. 성광이와 재영이는 싫다. 계속 애들을 괴롭히고 때린다. 성광이, 재영이, 영찬이는 야단을 많이 맞는다. 여자 중에서는 진희와 민정이, 남자 중에서는 재영이가 공부를 잘한다. 선생님께서는 연걸이가 애들이나 선생님을 도와줄 때 '잘했다'며 칭찬하신다.

아직 비행기는 못 타봤다. 비행기 타면 미국에 가서 우리보다 얼마나 잘 사는지 보고 싶다. 미국에 가면 유명한 사람도 있고 좀 못 사는 사람도 있을 것 같다. 미국 사람들은 우리보다 좀 이상하게 생겼다. 미국 사람이나 외국 사람을 본 적은 없다. 외국 사람은 영어를 하지만, 한국 사람들은 한국어를 한다. 한국인은 한국말을 잘해야 하고, 생긴 것도 한국처럼 생기고, 행동이 한국처럼 돼야 한다. 예의도 바르고 어른들한테 높임말을 써야 한다. 다문화가정, 국제결혼, 혼혈, 외국인 근로자 같은 말은 들어본 적이 없다.

(3) 최유리의 이야기

유리는 언니가 둘, 오빠도 둘이다. 언니도 유리처럼 말을 잘한다. 집에 가서 심부름을 하거나 엄마 어깨를 주물러드리거나 설거지를 하면 칭찬을 받는다.

유리는 친구들이 가끔씩 키 작다고 놀리는 게 제일 속상하다. 그럴 땐 '왜 날 이렇게 키 작게 만들었나?' 하는 생각이 든다. 부모님 중에 아빠가 키가 작으시다. 친구들이 키 작다고 놀리면 마음속으로 딴 생각을 하면서 친구들 말을 무시한다. 속으로 쥬얼리의 '쉿' 같은 노래를 부른다. 친구들 중에는 은빛이와 친하다. 가끔씩 싸울 때도 있지만 금방 친해진다. 은빛이는 툭툭 삐지지만 친구가 빌려달라는 것을 빌려준다. 툭하면 삐지는 친구는 불편하다.

수업 중에는 재량 시간에 하는 독서 수업, 음악, 미술이 재미있다. 작년에는 불조심 포스터를 그려서 최우수상을 받았다. 올해는 흡연 금지 포스터를 그렸는데 상을 받지 못했다. 유리는 나중에 커서 코코 샤넬처럼 여러 가지 예쁜 옷을 만드는 의상 디자이너가 되고 싶다. 예쁜 옷을 직접 만들어 입고 싶다. 비행기를 타게 되면 프랑스 파리에 가보고 싶다.

유리는 지역 축제에서 외국인을 본 적이 있다. 노란 머리였다. 미국에서 온 것 같다. 외국인을 보면 대화하고 싶고 사귈 수 있다면 사귀고 싶다. 백인만 사귀고 싶다. 흑인은 싫다. 사람들이 새까맣다고 놀릴 것 같다. 외국 사람과 결혼도 할 수 있다. 프랑스 사람이고 백인이면 좋겠다. 흑인은 싫다.

아랫집에도 베트남 여자가 외국 사람과 결혼했다. 그런 걸 보면 참 신기하다. 하지만 다른 나라에서 우리나라로 결혼하러 오는 사람들이 점점 많아지는 것은 별로 안 좋은 것이다. 베트남에서 이쪽으로 결혼하러 오면 한국 여자들이 좀 줄어들 것 같고, 결혼한 사람들이 한국어를 배우느라 남편의 돈이 나간다. 다문화가정이란 말은 모르지만 국제결혼은 들어봤다. 여기처럼 시골에 결혼 못한 사람들이 많아서 그런 사람들을 위해서 만든 것이다. 국제결혼이 많아지면 안 좋다. 한국 여자도 많은데 왜 국제결혼을 하는지 모르겠다.

(4) 정다운의 이야기

다운이는 주말에 힘들다. 주말에는 4시까지 공부하고 6시까지 학원에 있고 집에서는 눈높이 하고 학교 숙제하고 컴퓨터하고 잔다. 학원은 눈높이와 태권도를 한다. 태권도는 연걸이를 제외하고는 반에서 2등이다. 처음에 태권도를 다니고 싶어서 울며 졸랐는데 지금은 힘들고 재미없다. 공부를 잘해서 똑똑해지고 싶다. 막내 누나는 똑똑해서 장학금을 받았다. 누나가 셋 있는데 막내 누나는 대학생이다. 첫째, 둘째 누나도 대학을 나와서 회사를 다니고 있다. 다운이도 도시에 있는 대학을 가고 싶다. 체육은 재미있지만 수학 공부가 제일 어렵다. 공부하다 어려울 때마다 아빠에게 도움을 청한다. 아빠는 밭에서 농사를 지으신다. 엄마도 같이 하신다. 도와드리려고 하면 집에 있으라고 하시고는 늦게 들어오신다. 아빠가 집에 들어오셨을 때 공부하는 모습이 안 보이고 컴퓨터 하는 모습만 보인다고 야단맞을 때가 있다. 그러면 짜증나고 속상하다. '아빠 없을 때 계속 공부하는데 그러지 마세요'라고 말씀드리고 싶다.

장래 희망은 프로게이머이다. 처음에는 의사, 요리사, 경찰, 소방관이 장래 희망이었는데 재미있는 게 없을까 생각하다 프로게이머를 선택했다. 프로게이머는 재영이가 먼저 생각한 것이다. 엄마와 아빠는 다운이가 공부 잘하고 똑똑하고 다른 애들한테 안 맞기를 바라신다. 다른 애들과 포테이토칩 놀이를 하다가 맞기도 하고, 싸우다가 맞기도 한다. 지난번에는 유리가 놀리니까 짜증이 나서 머리를 툭 때렸다가 싸움이 시작됐다. 결국 누가 보건 선생님께 일러서 둘다 야단맞았다. 우리 반 친구들 중에는 민정이가 싫을 때가 있다.

하지 말라고 해도 계속 가방을 발로 찬다. 은빛이도 한 번씩 가방을 툭 찬다. 성광이 빼고 남자애들과는 다 친하다. 영찬이는 2학년, 3학년 때 말이 좀 서툴렀다. 지금은 우리처럼 말한다.

가보고 싶은 나라는 이탈리아다. 책에서 이탈리아가 자기들끼리 많이 싸웠다는 얘기를 보았다. 그래서 궁금하다. 피라미드도 보고 싶다. 외국 사람을 본 적이 있다. 도시에 나가서 엄마랑 외식하는데 외국 남자가 혼자 음악을 들으며 영어를 중얼거리며 지나갔다. 그 남자는 좀 까만 것 같다. 외국은 어떻게 살지 궁금하지만 외국 사람과 친해지고 싶은 생각은 없다. 미국산 소고기를 먹어보라고 할까봐 걱정된다. 아빠가 안 좋다고 하셨다. 외국 중에서는 일본, 중국, 미국이 싫다. 일본은 1500년 정도에 자기들끼리 싸우다가 땅이 없어서 우리나라를 계속 침략했다. 중국은 북한과 남한을 갈라놓게 했다. 미국은 미국산 쇠고기 때문에 싫다. 우리나라에 외국 사람이 점점 많아지는 것은 안 좋은 거다. 미국이 계속 우리나라에 들어오면 휴대폰, 자동차를 계속 사야 하고 사람이 너무 많아서 힘들다. 한국 사람만 많아져야 한다. 한국 사람은 우리말 하는 사람이다. 한국말을 잘해도 백인이나 흑인이면 미국이나 캐나다 사람이다.

다문화가정, 국제결혼, 외국인 노동자, 혼혈은 모른다. 외국인과 결혼할 생각은 없다. 미국 애랑 결혼했을 때 시장가서 고기 사오라고 하면 모르고 미국산 쇠고기를 사올 수도 있다. 그런 게 아니라도 얼굴이 까맣고 뚱뚱하기 때문에 싫다.

(5) 박진희의 이야기

진희는 이번이 세 번째 반장이다. 반장이라고 해서 특별한 게 없어서 반장이란 것도 까먹을 때가 있다. 재영이와 민정이가 부반장인데 친구들이랑 좀 많이 싸운다. 어제도 싸웠다. 친구들 중에는 성광이가 좀 걱정된다. 국어 시간에 선생님께서 질문을 하면 이해를 잘 못하고 엉뚱한 말을 한다. 수학 시간에도 답을 모르면 생각도 안 해보고 아무 답이나 막 쓴다. 가장 많이 놀았던 진이가 전학을 가서 같이 놀 사람이 없어서 좀 심심하다. 민정이는 은별이와 놀고 유리는 애들이 안 놀아준다. 진희는 문제 잘 풀 때 선생님께 칭찬받는다. 재영이와 민정이도 사회 시간에 발표를 잘해서 칭찬을 받는다.

진희는 공부는 조금 잘한다. 학교 끝나고 학원 갔다 와서 집에서 숙제하고 예습, 복습한다. 피아노와 영어 학원을 다닌다. 공부는 엄마가 도와주신다. 문제집을 사서 어디까지 풀라고 문제도 내주시고 모르는 것은 설명도 해준다. 엄마, 아빠는 두 분 다 대학을 나오셨다. 나중에 커서 작가가 되어 창작동화처럼 어린이들을 위한 책을 쓰고 싶다. 지금은 전래 동화나 추리 소설을 좋아한다. 중학생이 되면 도시로 전학을 갈지도 모른다.

비행기를 타면 캐나다나 미국처럼 영어를 하는 나라에 가보고 싶다. 다른 나라는 말이 안 통할 것 같다. 캐나다나 미국 사람들은 머리 색깔도 노란색이고 뚱뚱할 것 같다. 학원 가다가 흑인을 본 적이 있다. 머리가 곱슬머리고 다 까맸다. 신기하다. 흑인보다는 백인이 더 좋다. 흑인들이 사는 나라는 거의 못사는 나라라서 병 같은 게 있을까 봐 걱정된다. 외국인과 사귀어보고 싶은 생각이 있다. 사귄다면 미국 사람과 사귀어보고 싶다.

다문화가정은 들어본 적이 없다. 국제결혼은 다른 나라 사람과 결혼하는 것이다. 집에 자주 오시는 손님이 베트남 여자와 결혼했다. 국제결혼을 하면 말이 안 통해서 처음에는 좀 답답할 것 같다. 국제결혼은 좋은 것이다. 다른 나라 사람들이 우리나라에 와서 결혼을 하면 우리나라 문화를 알아서 그 나라에 많이 알릴 것 같다. 진희는 한국 사람과 결혼하고 싶다.

(6) 정재영의 이야기

재영이는 부반장이다. 다음엔 좀 더 노력해서 반장이 되고 싶다. 반장이 되려면 애들한테 약속한 것을 지키고 모범을 보여야 한다. 재영이는 학교를 폭력 없는 곳으로 만들겠다고 약속했다. 우리 반에서도 싸움이 자주 일어난다. 재영이도 오늘 짝꿍 유리와 싸웠다. 유리가 계속 재영이를 황소라고, 광우병이라고 놀렸다. 바보가 된 느낌이었다. 친한 친구는 다운이다. 민정이는 편을 갈라서 원래부터 사이가 안 좋다. 남자애들이 전부 민정이를 놀릴 때도 있다. 재영이는 나중에 대통령이 되어 나라를 지휘해서 북한과 통일하고 싶다. 그러기 위해 공부를 열심히 해야 한다.

재영이는 공부를 잘한다. 하지만 진희가 오고 난 다음부터는 2등이 되었다. 오늘은 컴퓨터 경진대회 상을 받았다. 과학 공부는 재미있는데 국어는 어렵다. 재영이는 할머니랑 산다. 형이랑 아빠는 도시에서 산다. 형들은 둘 다 고등학교 때 공부를 그만두었다. 지금은 제대하고 일을 한다. 재영이는 대학에 가서 실험 동아리에 들어가 보고 싶다.

친엄마는 어렸을 때 어디론가 가셨다. 3학년 때 한 번 만난 적이 있다. 엄마는 건강하게 잘 크라고 말씀하셨다. 할머니 말씀 잘 듣고 있으면 아빠가 데리러 온다고 하셨다. 학부모 회의가 있을 때 엄마, 아빠가 못 오신다. 그럴 때는 부끄럽고 부모가 필요하다는 생각이 든다. 재영이의 가장 큰 소원은 단 하루라도 가족이 다 모이는 것이다.

대통령이 되면 아프리카에 가고 싶다. 얼마나 가난한지 궁금하다. 외국인은 몇 번 본 적이 있는데 코가 길고 무표정이고 키가 크다. 머리카락이나 피부색은 한국 사람이랑 별로 다를 게 없다. 외국 사람은 눈 밑에 다크서클이 있다. 외국사람 중에 성격이 온순하고 친절하다면 누구든 사귀어보고 싶다. 피부색은 중요하지 않다.

다문화가정이나 외국인 노동자라는 말은 모르지만, 국제결혼은 우리나라 사람과 다른 나라 사람이 결혼하는 것이다. 우리 동네에도 이름은 모르지만 중국에서 온 사람이 있다. 국제결혼이 늘어나는 것은 안 좋은 것이다. 국제결혼이 늘어나면 우리나라가 다른 나라처럼 변할 것 같다. 외국인도 적당히 늘어나는 것은 돈 벌러 오는 거라고 이해할 수 있지만 너무 많이 오면 안 좋을 것 같다.

5) 4학년 1반 담임선생님의 이야기

4학년 1반에는 다문화가정 아이가 손민정, 김은빛, 이영찬, 이렇게 세 명 있다. 여기 애들은 피부색도 생긴 것도 차이가 안 난다. 손민정, 김은빛 엄마는 조선족이시고, 이영찬 엄마는 일본인이시다. 손민정과 김은빛 엄마는 교육에 관심이 많으시다. 가정 형편이 워낙 어렵고 시골이다 보니 대부분 어머니들이 학교에 오시는 경우가 없다. 3월에 한 번 담임이 바뀌어서 모였는데 민정이 어머니와 은빛이 어머니만 유일하게 학교에 오셨다. 처음에 학교에 오셨을 때 중국에서 오신 분들이라는 말씀은 하지 않으셨다. 두 분은 중국에서도 알던 사이로 두 분이서 경쟁도 하신다. 민정이와 은빛이는 성적이 중 정도로 비슷하다. 영찬이는 좀 부족하다. 전반적으로 여기 애들이 도시 애들에 비해 수준이 많이 떨어진다. 우리 반에서 재영이와 진희 빼고는 거의 비슷하다. 민정이, 은빛이, 연걸이의 수준이 비슷하다. 여기 애들은 학업은 많이 떨어져도 많이 순진하고 특별히 누구를 따돌린다거나 이런 게 없다.

민정이는 우리 반에서 제일 적극적인 아이이다. 욕심이 굉장히 많고 남에게 지는 것을 싫어한다. 엄마를 닮은 것 같다. 민정이의 엄마는 외국에서 오셨지만 성격도 활달하시고 관심이 많으시다. 다른 어머니들에 비해 좀 도가 지나치실 정도로 관심이 많으시다. 퇴근 후에도 수시로 핸드폰으로 전화를 하셔서 한 학기 동안 전화를 굉장히 많이 받았다. 그만큼 욕심이 많으신 것 같다. 여기 실정을 잘 모르는데다 자신이 외국인이라는 것 때문에 아이에게 피해가 갈까 봐 더 관심을 많이 두시는 것 같다. 민정이 어머니는 그래도 시골에서만 사셨던 분이어서 그런지 순박한 면이 있으시다. 처음에 잘 몰랐을 때는 전화 통화하시면서 '내가요. 내가, 뭐 뭐' 이렇게 반말을 섞으면서 이야기를 하시고, 사소한 일로 전화를 자주 하셔서 조금 그랬는데, 나중에 알고 나서는 괜찮았다. 외국에서 넘어오셔서 불안했고 아이들이 뒤떨어질까 봐 하는 욕심 때문에 그랬다는 것을 알기 때문에 지금은 그러려니 한다.

민정이는 욕심이 많아서 수업 중에 발표를 한 번이라고 더 하려고 한다. 작년 담임선생님은 민정이의 이런 점을 안 좋게 생각하셨다. 하지만 성격이 강한 면은 있지만 생활하는 데 전혀 어려움이 없이 활발하게 잘 지낸다. 다만 엄마가 너무 많은 욕심을 드러내시다 보니 민정이가 약간 스트레스를 받는다. 또 성격이 조금 강해서 아이들이랑 마찰이 있다. 목소리가 커서 한 마디를 하더라도 싸우는 것 같다. '내가 가장 무서운 것은?'이라는 설문에 '손민정'이라고 쓴 아이가 있었다. 민정이는 누가 한 마디를 하면 '됐어. 너나 해.' 이렇게 말한다. 악의가 있어서 그런 건 아니고 습관이다. '너는 그냥 쉽게 얘기했을 지도 모르지만 친구한테는 그 말이 굉장히 무시하는 듯 들릴 수도 있으니까 그렇게 얘기하지 말고 조용조용히 얘기하자'라고 말했다. 그래도 쉽게 고쳐지지는 않는다. 하지만 민정이는 아무 문제가 없다. 모든 활동에 일단 적극적이다. 걸스카우트 선생님도 민정이를 예뻐하신다.

반면에 은빛이는 아주 소극적이다. 그림도 잘 그리고 수업 시간에도 조용하긴 하지만 묵묵히 참여한다. 하지만 너무 소극적이다. 손을 정말 안 든다. 일부러 기회를 주는데도 발표를 잘 안 한다. 역시 엄마를 닮은 것 같다. 민정이 어머니와 달리 은빛이 어머니는 거의 말씀이 없으셨다. 학기 초에 학교에 오셨을 때도 질문 하나도 안 하시고 가셨다. 나중에 성적 때문에 궁금해서 전화를 하셨다. '은빛이는 다 잘하는데 너무 소극적이다. 어머니가 집에서 대화도 해주시고 학교에서 있었던 일도 물어보시고 발표를 하나라도 하면 칭찬도 많이 해달라'고 말씀드렸다. 그 다음부터 은빛이가 발표를 꽤 한다. 집에서 관심이 있으시니까 그런 것 같다. 은빛이가 교과서를 좀 떠듬떠듬 읽는데 여기 애들은 거의 다 그렇다.

영찬이는 학업 면에서 보면 국어 쪽으로 많이 부족하다. 받침이 거의 잘 안 된다. '나는 밥을 먹었습니다'라고 쓰면, 자기는 읽지만 다른 사람은 무슨 글씨인지 잘 못 알아보게 쓴다. 자기 생각을 정확하게 표현을 못 한다. 국어 지문을 읽고 내용 이해하기가 많이 부족하고 쓰기는 더 안 된다. 엄마가 일본 분이신데 전화 통화를 해보니 한국말을 어법대로 다 잘하시는데 민정이나 은빛이 엄마에 비해서는 천천히 어눌하게 하신다. 언어지도 면에서 아무래도 부족한 것 같다. 그런데 수학은 잘한다. 발표도 나름대로 열심히 한다. 사회 같은 것도 스스로 제 얘기를 잘 써낸다. 지난달에는 평균 10점이 올라서 진보상을 받았다. 영찬이는 하려는 의욕이 많다. 엄마도 도와주신다. 수학 같은 것을 엄마에게 확인 받아오게 하면 다른 학생들은 거의 안 받아온다. 그런데 영찬이는 "엄마한테 물어서 이거 풀었어요." 이런 얘기를 꽤 자주 한다. 아이들하고 싸운 적도 거의 없다.

우리 반 학생들 중에서 대학을 제대로 졸업해서 정규직을 가질만한 친구는 진희 정도다. 주변 환경이 따라준다면 재영이, 민정이, 은빛이도 가능할 것 같다. 영찬이는 약간 부족하다. 재영이는 가정환경이 너무 안 좋다. 돌봐주는 어른이 전혀 없다. 이런 친구들에 비하면 민정이, 은빛이, 영찬이는 행복한 아이들이다. 엄마, 아빠가 관심도 갖고 충분히 경제적으로 여력이 된다. 다른 아이들에 비해 부족한 게 없다. 부모님이 싸울 일도 드물다. 부모의 경제적인 능력이 정말 중요하다. 상대적으로 영찬이는 조금 형편이 어렵다. 부모에 따라 많이 다르다. 다문화가정 아이들보다는 결손 가정이면서 생계가 어려운 아이들에 대한 지원이 더 필요하다.

민정이, 은빛이, 영찬이가 다문화가정이라는 것을 평소에 거의 의식을 안 한다. 아이들 사이에서는 쟤네 집에 중국인이 있다는 생각을 전혀 안 하고 그냥 일반 한국에서 태어난 아이들과 동등하게 지낸다. 전혀 다른 것 없다. 사회 수업 시간에 지진 얘기를 하다가 중국 얘기가 나온 적이 있다. 애들이 민정이에게 "민정이네 중국에 대해서 잘 알아?" 이렇게 물어보면, 민정이는 이렇게 얘기한다. "아니, 나도 가보지 못해서 잘 몰라. 그 대신 우리 엄마는 살아봐서 잘 알 거야." 그냥 평범한 얘기 중에 하나다.

04

에필로그

초등학생들의 학교생활에는 모두 나름의 **기쁨과 슬픔**의 골이 새겨져 있다. 이 연구를 통해 만난 초등학생들은 다문화 가정 학생이건 아니건 미래에 대한 꿈과 소망을 가지고 있으며, 가족, 친구, 선생님 때문에 속상하고, 즐겁고, 억울하고, 고민에 빠진다. 그 골 하나하나는 모두 중요한 의미를 갖는다. 하지만 학생에 따라 골의 깊이와 폭이 다른 것은 사실이다.

초등학생들의 학교생활에는 모두 나름의 기쁨과 슬픔의 골이 새겨져 있다. 이 연구를 통해 만난 초등학생들은 다문화가정 학생이건 아니건 미래에 대한 꿈과 소망을 가지고 있으며, 가족, 친구, 선생님 때문에 속상하고, 즐겁고, 억울하고, 고민에 빠진다. 그 골 하나하나는 모두 중요한 의미를 갖는다. 하지만 학생에 따라 골의 깊이와 폭이 다른 것은 사실이다. 누군가의 골은 다른 모든 학생들의 골을 압도할 만큼 깊이 패어 있다. 이들이 일찍이 경험하는 삶의 골은 자신에게 연유한 것이 아닌 이유로 형성된다. 혼자 힘으로는 감당하기 어렵고 통제할 수도 없다. 정작 골이 깊을수록 도움을 줄 어른도 주변에 없다. 이들이 경험하는 어려움은 교육적이고 제도적인 지원의 범위를 벗어나 개인의 인생과 운명의 몫으로 남겨지고 있다. 이러한 전제를 바탕으로 본 연구를 통해 발견한 몇 가지 현상을 제시하고자 한다.

첫째, 다문화가정 학생들이 학교생활에서 모두 동일한 어려움을 겪고 있는 것은 아니다. 다문화가정 학생들 중에는 학업 성취 및 교우 관계 형성에 있어서 문제를 겪고 있는 학생들도 있으나, 상당히 적극적으로 학교생활에 참여하며, 일반 학생들과 긍정적인 교우관계를 형성하고 상대적으로 높은 학업 성취 수준을 보여주는 학생들이 있다. 농촌 학교의 경우 다문화가정 학생들이 오히려 주도적인 학생으로 인식되고 있다.

둘째, 다문화가정 학생들의 학교생활에 가장 큰 영향을 미치는 것은 가정 배경의 차이이다. 다문화가정 학생들 중 학교생활에서 문제를 겪는 학생들은 대부분 부모의 정신적 차원의 문제, 불안정한 체류 자격 등으로 인해 가정 내에서 부모로부터 지원을 충분히 받지 못한 경우가 많다.

셋째, 피부색과 문화의 차이도 다인종, 다민족 학생들의 학교생활 적응에 대한 어려움에 영향을 미치고 있다. 다문화가정 학생들과 같은 학급에서 생활하는 학생들의 경우 담임교사의 지도 등에 따라 피부색 등을 이유로 직접적으로 차별적인 행동을 하지는 않는다. 하지만, 체취라든지 옷 입는 방식, 청결 문제 등을 이유로 말없이 따돌리며 피부색이 검은 학생들과의 언어적, 비언어적 상호작용에 매우 소극적인 모습을 보였다. 피부색이 하얀 학생들과의 언어적, 신체적 상호작용은 훨씬 활발하게 이루어졌다.

넷째, 다문화가정 학생들 중 학교생활상의 어려움을 토로한 학생의 경우, 교사들이 인지하는 것보다 더 큰 정체성과 관련된 혼란을 겪고 있다. 문화 다양성 등을 포함한 다문화교육이 학교 전체적인 차원에서 체계적으로 이루어지지 않은 상태에서 다문화가정 학생들에 대한 보호는 학급에서 담임교사 수준에서 이루어지고 있다. 이로 인해 학급의 테두리를 벗어난 학교 공간에서는 여전히 차별적 시선과 행동으로 인해 상처를 받는 일들이 일어나고 있다. 이러한 경험은 다문화가정 학생들의 자아 인식에 커다란 상흔을 남기고 자신의 정체성을 부정하는 사고로 이어지고 있다.

다섯째, 초등학생들도 학생들 간의 인종, 문화적 차이를 인식하고 있었으며 이와 관련된 차별적 행위에 참여하고 있다. 다인종, 다민족 학급에서 인종, 민족에 대한 명시적 대화는 잘 나타나지 않지만, 학생들은 피부색, 부모 국적 등에 대한 정보를 바탕으로 학생들 간의 차이를 인식하고 있다. 다문화가정 학생과 일반가정 학생들의 관계가 우호적이지 않은 경우 이러한 차이에 대한 인식은 차별적 사고나 행동을 정당화하는 기제로 작용할 수 있다.

여섯째, 초등학교 학급에서 학생들 사이의 문화의 차이가 뚜렷하더라도 이를 감추기보다 학생들 사이의 문화 차이를 명시적으로 인식하고, 서로 다른 문화에 대한 접촉과 경험 등이 수반될 경우 타문화 구성원에 대한 긍정적 인식과 사고의 형성으로 이어질 수 있다. 다문화가정 학생의 노출을 금기시하는 누리초등학교와는 달리 아람초등학교에서는 피부색의 차이 등으로 인해 다문화가정 학생들의 존재가 뚜렷하게 부각된다. 이들과 같은 학급에 속한 학생들은 이러한 접촉의 결과 다문화 구성원의 존재에 대해 긍정적으로 인식하고, 타문화에 대한 호기심을 갖는 태도를 형성하게 된 학생들이 있다.

이상에 비춰볼 때, 다인종, 다민족 학급에서 인종, 민족, 문화의 차이를 숨기는 것은 오히려 실재하는 문제를 은폐하는 결과를 낳을 수 있음을 보여준다. 오히려 명시적이고 체계적인 다문화교육이 이루어질 경우 다문화가정 학생들이 겪는 어려움을 극복하는 데 도움을 줄 수 있을 뿐만 아니라, 다문화사회에서 성장할 일반가정 학생들에게도 바람직한 교육 기회를 제공할 수 있을 것이다.

 참고문헌

김광억(2005). "종족의 현대적 발명과 실천", 김광억 외 편, 『종족과 민족: 그 단일과 보편의 신화를 넘어서』. 아카넷.

김정원(2005). 『외국인 근로자 자녀 교육복지 실태 분석 연구』. 서울: 한국교육 개발원.

박윤경(2009). 다문화 가정 및 학생에 대한 이해. 『교대생을 위한 다문화가정 학생 멘토링 지침서』.

박윤경 · 이소연(2009). 다문화 가정 학생의 학교생활 실태에 대한 조사연구. 『시 민교육연구』 제41권 1호.

배은주(2006). 한국 내 이주노동자 자녀들의 학교생활에서의 갈등 해결 방안: 초 등학교를 중심으로. 『교육인류학연구』 제9집 2호.

설동훈 · 한건수 · 이란주(2003). 『국내 거주 외국인 노동자 아동의 인권 실태 조 사』. 서울: 국가인원위원회.

한건수(2004). 타자 만들기: 한국 사회와 이주노동자의 재현, 최협 외 편, 『한국 의 소수자, 실태와 전망』. 서울: 한울 아카데미.

Bogdan, R. C. & Biklen, S. K. (1998). Qualitative research for education: An introduction to theory and methods(3rd ed.). MA: Allyn and Bacon.

Giles, J & Middleton, T. (1999). Studying culture: a practical introduction. Oxford: Blackwell Publishers. 장성희 역(2003). 『문화 학습』. 서울: 동 문선.

LeCompte M. D, & Preissle. J. (1993). Ethnography and qualitative design in educational research(2nd ed.). San Diego: Academic Press.

Marshall, C. & Rossman, G. B. (1995). Designing qualitative research. Thousand Oaks, CA: Sage.

Merriam. S. B. (1988). Case study research in education: A qualitative approach. 허미화 (역)(1997). 『질적 사례 연구법』. 서울: 양서원.

Miles, M. B. & Huberman, A. M. (1994). Qualitative data analysis. Thousand

Oaks, CA: Sage.

Seidman, I. (1998). Interviewing as qualitative research: A guide for researchers in education and the social science(2nd ed.). New York: Teachers College Press.

Stake, R. E. (1995). The art of case study research. Thousand Oaks, CA: Sage. 홍용희·노경주·심종희(역) (2000). 『질적 사례 연구』.

Spradley, J. P. (1980). Participant observation. NY: Holt, Rinehart and Winston, Inc.

Yin, R. K.(1994). Case study research: Design and method(2nd ed.). Thousand Oaks, CA: Sage.

박윤경

서울대학교 사범대학 사회교육과 졸업, 서울대학교 사범대학에서 석사 및 박사 학위 취득

현) 청주교대 사회교육과 부교수, 하버드대학교 방문학자, 한국다문화교육학회 편집위원, 한국사회과교육학회 연구이사, 한국시민청소년학회 이사, 전) 금옥여자고등학교, 구일고등학교 교사, 서울대학교 중앙다문화교육센터 객원연구원, 청주교육대학교 다문화교육센터장 역임.

『다문화교육의 이해와 실천』(공저), 『한국의 민주시민교육』(공저), 「초등 사회과 다문화 교육과정 및 수업안 개발 연구」, 「학교 다문화교육의 실태 분석」(공저), 「다문화가정 학생의 학교생활 실태에 대한 조사연구」(공저), 「초 · 중등 교사의 문화다양성과 다문화가정 학생에 대한 태도」(공저), 「다문화접촉 경험의 교육적 의미 이해」 외 다수

다민족,
다인종
학급에 대한
질적사례연구

초 판 인 쇄 | 2011년 7월 29일
초 판 발 행 | 2011년 7월 29일

지 은 이 | 박윤경
펴 낸 이 | 채종준
펴 낸 곳 | 한국학술정보㈜
주　　　소 | 경기도 파주시 문발동 파주출판문화정보산업단지 513-5
전　　　화 | 031) 908-3181(대표)
팩　　　스 | 031) 908-3189
홈 페 이 지 | http://ebook.kstudy.com
E - m a i l | 출판사업부　publish@kstudy.com
등　　　록 | 제일산-115호(2000. 6. 19)

ISBN　　　978-89-268-2477-1 93330 (Paper Book)
　　　　　978-89-268-2478-8 98330 (e-Book)

이담 BOOKS 는 한국학술정보(주)의 지식실용서 브랜드입니다.